AF452204

# ÉTUDE JURIDIQUE

DES

# COOPÉRATIVES DE CONSOMMATION

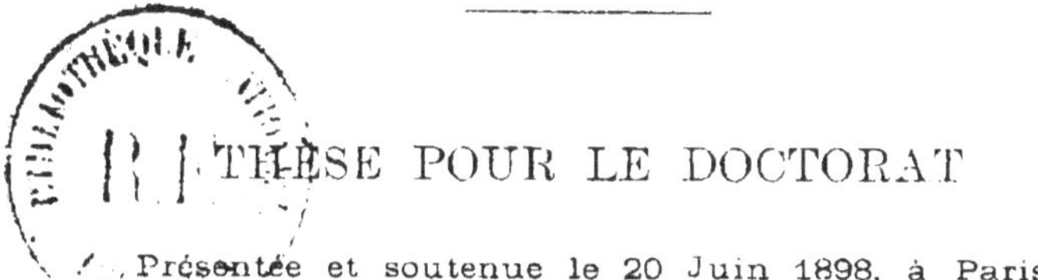

## THÈSE POUR LE DOCTORAT

Présentée et soutenue le 20 Juin 1898, à Paris

PAR

## Maurice LECAISNE

Président : M. BEAUREGARD, professeur.
Suffragants : } MM. CAUWÈS. professeur.
JAY, professeur adjoint.

PARIS

SOCIÉTÉ D'ÉDITIONS SCIENTIFIQUES

PLACE DE L'ÉCOLE DE MÉDECINE

4, Rue Antoine-Dubois, 4

1898

THÈSE POUR LE DOCTORAT

# ÉTUDE JURIDIQUE

DES

# COOPÉRATIVES DE CONSOMMATION

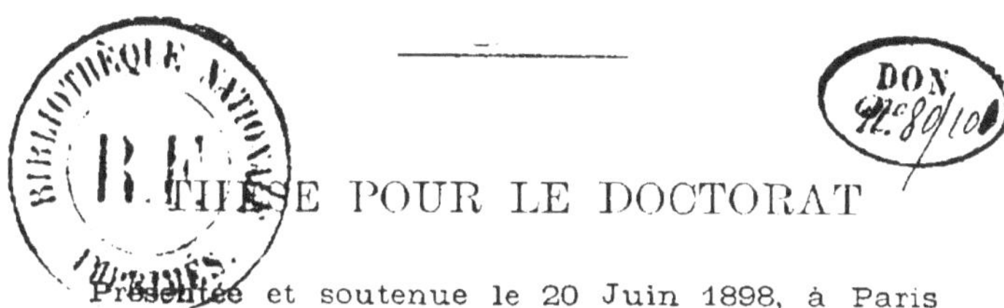

## THÈSE POUR LE DOCTORAT

Présentée et soutenue le 20 Juin 1898, à Paris

PAR

## Maurice LECAISNE

*Président :* M. BEAUREGARD, professeur.
*Suffragants :* { MM. CAUWÈS, professeur.
JAY, professeur adjoint.

PARIS

SOCIÉTÉ D'ÉDITIONS SCIENTIFIQUES

PLACE DE L'ÉCOLE DE MÉDECINE

4, Rue Antoine-Dubois, 4

1898

# ÉTUDE JURIDIQUE

DES

# COOPÉRATIVES DE CONSOMMATION

---

## INTRODUCTION

---

Nées dans le cours du siècle, sous l'influence du besoin de s'unir, qu'ont éprouvé, pour accroître leurs forces, les individus surtout les moins fortunés, les coopératives ne sont qu'une application particulière de l'idée d'association. Ce sont là des institutions en voie de se former et les contrats qui s'y rattachent sont encore mal définis : c'est ce qui explique qu'elles intéressent au même titre le jurisconsulte et l'économiste.

Remplacer l'intermédiaire traditionnel par une association, pour diminuer, au profit du consommateur ou du producteur, les frais de circulation de la richesse, telle est la fin *économique* que se propose toute coopérative. Pour la coopérative de consommation, l'intermédiaire

coûteux qu'il s'agit de remplacer c'est le commerçant ;
pour la coopérative de production, le patron ou le capitaliste ; pour la coopérative de crédit, le banquier. Ainsi,
par exemple, une coopérative de consommation fournira
à ses associés des objets d'alimentation ou de ménage
au plus bas prix qu'elle pourra ; une coopérative de
production, formée entre ouvriers peintres ou charpentiers, devra employer ces ouvriers et leur assurer une
rémunération de leur travail aussi complète que possible ;
enfin, une coopérative de crédit consentira ou procurera
à ses membres des prêts qui ne seront pas grevés des
prélèvements du banquier.

Mais ce n'est pas sur le terrain économique que nous
voulons étudier ces intéressantes institutions ; et, sur le
terrain juridique, qui sera le nôtre, nous limiterons notre
tâche aux coopératives de consommation.

Nous avons cependant, au début de cette étude, voulu
expliquer la dénomination générale de « coopératives »,
par ce trait qui est commun à toutes les coopératives :
l'association remplaçant l'intermédiaire habituel. C'est
qu'en effet ce lien économique est le seul qui les unisse :
les trois coopératives, proches parentes en économie
politique, dans le droit sont tout à fait étrangères.

La coopérative de production naît d'un contrat, qui
répond complètement à la définition que notre Code civil
donne de la *société :* elle est soumise à toutes les lois
spéciales sur les sociétés. La seule question qui se pose
pour elles est une question législative : doit-on les

soumettre à un régime de faveur, à raison de leur but particulièrement digne d'intérêt et de la condition souvent précaire de leurs membres?

La coopérative de crédit, nous le verrons plus loin, pourrait rentrer dans la définition que nous donnerons de la coopérative de consommation[1], si elle adoptait comme siens les principes de cette coopérative qui lui conviennent parfaitement. Mais nous n'insistons pas plus sur cette assimilation, qui supprimerait la coopérative de crédit comme type distinct, et nous constatons que dans les coopératives de crédit, *telles qu'elles existent en pratique,* et sous les formes très diverses qu'elles adoptent, on peut, comme dans les coopératives de production, reconnaître les caractères essentiels de sociétés proprement dites.

Tout le monde est d'accord sur la nature de ces deux coopératives : *elles recherchent des bénéfices,* ce sont de *véritables sociétés;* et de plus, à raison de leurs opérations, elles ont le caractère *commercial.*

Quant à la coopérative de consommation, nous ne lui reconnaîtrons pas la nature d'une société commerciale, ni même d'une société civile. Nous verrons, dans le contrat dont elle sort, un contrat voisin de la société, mais qui n'y ressemble pas de tous points.

Les trois coopératives ne sont donc pas de même nature juridique et l'on comprendra que nous n'hésitions

1. Cf. CAUWÈS, *Cours d'économie polit.* 3e édit. t. III, n°˙ 930 et 931.

nullement à nous engager dans l'étude d'un seul de ces types, en laissant de côté les deux autres. Nous souhaiterions même qu'il en fût généralement ainsi, qu'on ne s'occupât jamais des trois à la fois. C'est cependant toujours dans une même loi que les divers législateurs ont entendu les réglementer. De cette façon de faire, et malgré quelques dispositions qui peuvent être spéciales à chaque coopérative, il résulte forcément que la nature juridique de l'une ou de l'autre influe tour à tour sur l'ensemble de la loi et celle-ci en fin de compte ne répond plus exactement à la nature d'aucune. C'est peut-être pour avoir prévu les trois coopératives dans de mêmes dispositions que le législateur français n'a pu faire aboutir un récent projet de loi sur notre matière [1]. Pendant les vingt-deux séances que durèrent les discussions parlementaires, à chaque instant, on parlait de la coopérative de production quand il s'agissait de la coopérative de consommation et réciproquement; on arguait des caractères de l'une pour appliquer à l'autre des règles qui ne lui convenaient pas.

A des institutions différentes il faut des lois différentes. Tel est le motif qui nous justifie pleinement, croyons-nous, de limiter cette étude juridique à la seule coopérative de consommation.

1. Ce projet de loi, qui ne s'occupait d'abord que des Sociétés de production et de la participation aux bénéfices, fut déposé le 16 juin 1888 par M. Floquet; ce n'est que plus tard, en 1889, qu'on inséra dans ce projet un titre sur les coopératives de consommation (Rapport Doumer du 8 avril 1889).

Nous nous attacherons d'abord à définir cette coopérative et à analyser le contrat dont elle naît ainsi que les opérations auxquelles elle se livre ; nous étudierons ensuite la formation de la coopérative, son capital, son personnel, le fonctionnement de son administration, puis sa dissolution ; dans un dernier chapitre nous examinerons sa situation fiscale et nous résumerons dans notre conclusion nos appréciations sur l'état légal des coopératives, sur la possibilité d'une loi en cette matière ainsi que sur les caractères que cette loi devrait présenter.

# CHAPITRE I

## La Coopérative de Consommation.

### Son but, sa nature, ses modes d'action.

----

§ 1. — BUT DE LA COOPÉRATIVE DE CONSOMMATION.

Nous définirons la coopérative de consommation une association qui a pour but de *procurer* à ses membres, dans les meilleures conditions possibles d'excellence et de bon marché, tel objet ou tel fait dont ils ont besoin.

Le projet français en donnait une notion quelque peu différente, et sous une forme tout autre : « La loi reconnaît, disait l'article 1er de ce projet, les sociétés coopératives de consommation, qui ont pour but l'acquisition, la fabrication, la manutention par la société, de toutes denrées, marchandises ou objets destinés aux besoins personnels des sociétaires ou aux besoins de leur profession ou industrie. » On le voit, notre définition est plus large que celle-ci, puisqu'elle admet que la coopérative peut avoir pour but de procurer un simple fait à ses membres[1]. D'après notre définition, la coopérative peut

----

1. Pour tourner la difficulté d'une définition qui risque d'être inexacte, comme l'est celle de l'article 85 de la loi belge sur les

donc pourvoir à l'alimentation, à l'habillement, au blanchissage, au chauffage, au logement de ses associés ; ou même aux soins de leur santé ou de leur hygiène, tels que visites médicales ou simples bains de propreté ; elle pourrait leur procurer en location toutes choses qui se louent et notamment de l'argent, le prêt d'argent n'étant en somme qu'un louage de choses fongibles. Pas un économiste ne nous contestera qu'il y ait là des objets ou des faits de consommation au sens le plus large de ce mot.

Mais nous croyons qu'on peut encore appeler coopérative de *consommation*, celle qui fournira à ses associés non seulement des marchandises devant être utilisées par eux pour leur usage personnel, mais aussi des *marchandises devant alimenter le commerce ou l'indusrie*, auxquels ils se livrent. Sans doute ici il n'y a pas, au sens propre du mot, consommation par les associés des objets qu'ils acquièrent par l'entremise de la coopérative. Mais l'acte du commerçant, qui acquiert pour la revente au détail ne peut-il pas être rangé parmi les actes préliminaires de la consommation, plutôt que parmi les actes complémentaires de la production ? De sorte qu'on pourrait justifier encore dans notre hypothèse le nom de coopérative de consommation. Mais alors même que cette justification ne pourrait avoir lieu et que cette acquisition par le coopérateur de marchandises qu'il doit revendre ne pourrait être d'aucune manière considérée comme un acte de consommation, cela prouverait simple-

---

sociétés, ou trop vague comme celle de la loi coopérative allemande du 1er mai 1889, plusieurs législations étrangères ne définissent pas la coopérative. Voyez la nouvelle rédaction du Code de commerce portugais et l'article 219 du Code de commerce italien.

ment que les mots « coopérative de *consommation* » ne répondent pas exactement à la définition que nous avons donnée. Or, comme c'est l'institution que nous avons définie et non pas les mots qu'elle peut revêtir, notre définition ne saurait être changée, car elle répond exactement à l'institution que nous voulons étudier; nous ne pourrions que changer la dénomination de « coopérative de consommation » qui n'est peut-être pas assez compréhensive. Nous ne le ferons pas cependant, car celles qu'on trouverait à sa place le seraient moins sur d'autres points ou bien ne seraient pas usuelles. Les dénominations qui ont été quelquefois adoptées de coopératives *d'achat ou d'approvisionnement*, qui pourraient sans difficulté s'appliquer aux coopératives formées par des commerçants pour les besoins de leur commerce, sous d'autres rapports, ne conviendraient pas à nos coopératives : ainsi elles ne s'adapteraient pas à celle qui pourvoirait au blanchissage ou au logement de ses associés. D'autre part, le nom de « coopérative *d'économie* » qu'on pourrait emprunter avec profit à la législation allemande[1], n'a jamais été usité en France et par conséquent, si nous l'adoptions, nous parlerions sous un nom nouveau d'une institution déjà connue, ce qui pourrait gêner notre discussion. Nous préférons donc conserver l'appellation traditionnelle, sauf comme nous venons de le faire, à l'expliquer et à étendre au besoin son sens ordinaire.

Ces réserves faites sur la valeur du mot consommation, nous considérons que toute coopérative de consommation a *pour but* dans le cadre spécial qu'elle se trace, de

---

1. Loi du 1er mai 1889 sur les associations d'industrie et d'économie (Gesetz bettreffend die Erwerbs und *Wirtschaftsgenossenschaften*).

répondre le plus économiquement possible aux besoins de ses associés.

## § 2. — Nature de la Coopérative de Consommation.

La coopérative de consommation est une collection d'individus, groupés dans le but que nous venons d'indiquer. Mais quelle est la nature de ce groupement? Une *association*, dirons-nous, et non pas une *société*. Sans doute on parle plus souvent de sociétés coopératives que d'associations coopératives. Mais ici nous n'hésitons pas à rompre avec la tradition. D'abord cette tradition n'est pas absolument générale comme nous le verrons : de plus, elle présente des dangers d'erreurs graves. Si l'on dit que la coopérative est une société, il semble bien qu'elle doit être soumise à toutes les règles des sociétés et notamment, si elle se présente sous la forme anonyme, aux *restrictions* que la loi de 1867 impose aux sociétés anonymes. Aussi attachons-nous la plus grande importance à démontrer que la coopérative n'est pas une société, mais n'est qu'une « simple association », terme que nous opposerons à celui de société.

Ceci réclame quelques explications préliminaires.

Dans la langue courante et aussi dans la langue du droit, mais alors en un sens très large, on désigne indifféremment sous le nom de société ou d'association « la réunion de plusieurs personnes qui s'entendent pour diriger leurs efforts vers un but commun[1] », et l'on désigne ainsi et le fait de se réunir, c'est-à-dire le contrat, qui

---

1. V. Lyon-Caen et Renault, *Manuel*, n. 104.

rapproche ces personnes, et aussi le groupement d'individus qui résulte de ce contrat.

Dans cette définition *le but* que se proposent les parties n'est pas précisé, il peut varier à l'infini. Ce but peut être lucratif, économique, littéraire, scientifique, religieux, politique ou tout autre encore.

Notre Code civil dans les articles 1832 et suivants, n'apparaît pas comme ayant reconnu un champ d'application aussi vaste au contrat de société. « La société, dit l'article 1832, est un contrat par lequel deux ou plusieurs personnes conviennent de mettre quelque chose en commun, *dans la vue de partager le bénéfice qui pourra en résulter.* » C'est la seule définition de la société, qui se trouve dans nos lois. De l'avis général de la doctrine, l'une des conditions essentielles du contrat de société est que le but poursuivi soit des *bénéfices.* Nous disons le but *poursuivi,* car on ne saurait exiger qu'il y ait des benéfices, les bénéfices étant le plus souvent chose aléatoire. Ces bénéfices doivent consister en un gain, en un *accroissement* réel de patrimoine ; par conséquent une perte évitée ne constituerait pas un bénéfice : il faut qu'il y ait *lucrum,* un *damnum vitatum* ne suffirait pas : c'est du moins l'opinion qui prévaut[1].

Nous réserverons à ce contrat de l'article 1832, le nom de *société,* que la loi lui donne elle-même, et nous appellerons *association* le contrat aux éléments moins précis que nous avons défini tout à l'heure sous le nom de « société ou association au sens large ». Nous dirons ainsi que la *différence spécifique de la société par rapport*

---

1. CAUWÈS, *Économie politique, op. cit.,* t. I, n° 67 note 1. — LYON-CAEN et RENAULT, *Traité de Droit commercial,* t. II, n°ˢ 34 et 34 *bis.* — THALLER, *Traité,* t. I, n. 153. — AUBRY et RAU, t. IV, § 377. — LAURENT, t. XXVI, n°ˢ 146 et 187. — *Contra* GUILLERY.

— 15 —

*à l'association* est dans le *but* poursuivi par les parties : ce but est quelconque pour l'association et pour la société il doit consister en bénéfices.

Cette distinction que nous venons de faire se trouve indiquée par les meilleurs auteurs[1]. Malheureusement, dans les auteurs eux-mêmes et surtout dans la pratique, on trouve le plus fâcheusement du monde confondues les expressions d'association et de société, d'associés et de sociétaires. Sans doute, étant donné leur étymologie, il n'y a pas de raison pour appliquer à l'un de ces contrats plutôt qu'à l'autre le nom d'association ou celui de société. Mais puisqu'il y a deux termes synonymes pour exprimer deux idées différentes, il est pratique d'affecter un terme distinct à chacune de ces deux idées. C'est pourquoi, au risque d'être souvent en contradiction avec des usages reçus, nous n'avons pas hésité à adopter la terminologie que nous venons d'indiquer : association pour le contrat genre, société pour le contrat espèce. Nous trouvons d'ailleurs quelque tendance à cette double désignation soit dans la doctrine, soit même dans la pratique.

Remarquons-le en passant, toutes les législations n'ont pas envisagé le contrat de société d'une façon aussi étroite que le Code civil. La notion romaine de la *societas* était plus étendue : les parties pouvaient n'avoir mis leurs apports en commun, qu'en vue d'éviter une perte, il y avait cependant entre elles un contrat de *societas* Une perte évitée était assimilée à un enrichissement[2]. Par conséquent la notion romaine comprenait aussi l'association à ne pas perdre.

1. V. les auteurs cités à la note précédente aux passages indiqués.
2. L. 52. 12 et 13. Proc. soc.

Dans les législations modernes le Code fédéral suisse des Obligations et le nouveau Code civil allemand, qui passent à bon droit comme les plus scientifiques des codes civils actuels, ne parlent nullement, dans leurs définitions de la société, de bénéfices poursuivis ; ils ne spécifient pas le but que les parties cherchent à atteindre [1].

Si le législateur français n'a pas donné de la société une idée aussi large que le droit romain ou certaines lois étrangères, cela provient de ce qu'il n'entendait réglementer que les contrats les plus usuels. Or, il n'apparaissait pas en 1803, lors de la rédaction du Code civil, qu'un contrat d'association autre que celui prévu par l'article 1832, fût assez fréquent pour arrêter l'attention du législateur. D'ailleurs, si on peut regretter que le Code n'ait pas prévu dans un article spécial les associations en général et en particulier les associations à ne pas perdre, il faut plutôt se féliciter qu'il n'ait pas compris ces associations dans les mêmes articles que les sociétés à bénéfices ; car la distinction tenant à la nature de ces contrats, aurait toujours eu la même raison d'être et aurait été plus difficile à saisir.

Notre distinction ainsi établie entre l'association et la société, nous pouvons nous demander si la coopérative de consommation est une société ou une simple association.

Les coopérateurs, d'après la définition que nous avons

---

1. Code fédéral des obligations, art. 524 : La société est un contrat par lequel deux ou plusieurs personnes conviennent d'unir leurs efforts ou leurs ressources en vue d'atteindre un but commun.

Code civil allemand, art. 705 : Par le contrat de société les sociétaires s'engagent les uns envers les autres, à s'employer à la poursuite *d'un but commun* de la manière indiquée par le contrat, en particulier à effectuer les apports convenus.

donnée de la coopérative, se groupent *pour obtenir à bon compte ce dont ils ont besoin*. Nous ne voyons là rien qui ressemble à la poursuite de bénéfices. Cependant, nous objectera-t-on, les coopérateurs réalisent une économie grâce à leur association ; souvent même il leur est attribué en fin d'exercice des sommes qu'on pourrait confondre avec des bénéfices. Mais cette répartition n'est que la *restitution de trop-perçus* à ceux qui avaient trop payé. Elle n'est d'ailleurs pas essentielle à la coopérative, ce n'est qu'un procédé ingénieux qui permet aux associés d'économiser sans faire le moindre effort. Mais il y a des coopératives qui, évaluant d'avance leurs frais généraux, ne majorent le prix des denrées qu'elles vendent, que de juste ce qu'il faut pour se couvrir de ces frais et n'ont jamais ainsi de répartition à opérer. D'ailleurs, si cette restitution de trop-perçus était effectivement une distribution de dividendes, ce serait donc que la coopérative ferait des bénéfices. Or, si cela était, l'association ne répondrait plus au but des coopérateurs, qui veulent payer *le moins cher possible*, et à cet effet, *ne pas fournir de bénéfices à un intermédiaire, quel qu'il soit.*

Mais, nous dira-t-on encore, les coopératives gagnent à ne pas perdre, et quelle différence y a-t-il vraiment entre économiser un franc, par exemple, et faire un bénéfice d'un franc ? N'est-on pas toujours d'un franc plus riche ?

Ce n'est cependant pas la même chose de réaliser un gain, *lucrum captare,* et d'éviter une perte, *damnum vitare ;* c'est justement la base de la distinction que nous avons relevée entre la société de gains de l'article 1832 et l'association à ne pas perdre : il y a dans un cas un *esprit de spéculation,* qui n'existe pas dans l'autre. Celui qui recherche un gain *spécule,* c'est-à-dire s'efforce de faire entrer dans son patrimoine l'argent qui est dans celui de son co-contractant. Ainsi Primus vend à Secundus moyennant 10 francs un objet qui ne lui en a coûté que 9 chez le producteur, il réalise un *bénéfice aux dépens de Secundus,* qui n'aurait acheté que 9 s'il avait acheté directement au producteur. Si Secundus maintenant s'adresse directement à celui-ci, il paiera seulement 9 et il aura économisé *un franc.* Cette somme de un franc, il ne la demande à personne, il la garde simplement dans sa poche. Tandis qu'il s'établit un lien de droit entre celui qui bénéficie et celui qui fournit le bénéfice, il ne se forme aucun lien analogue entre celui qui réalise une économie et celui aux dépens de qui l'économie est faite, et qui n'est, d'ailleurs, qu'une personne *indéterminée.*

Les jurisconsultes les plus autorisés reconnaissent, en effet, que la coopérative de consommation n'est pas une véritable société[1], et les coopératives elles-mêmes, à la différence des sociétés commerciales, emploient volontiers dans leur dénomination ou dans leurs statuts le terme d'association[2].

La même distinction d'avec la société proprement dite était à faire pour le contrat d'assurance mutuelle qui, lui non plus, ne se forme pas en vue de bénéfices à réaliser. Mais ici la distinction s'est plus vite affirmée et elle a eu une consécration quasi législative dans l'exposé des mo-

---

1. BEAUREGARD, *Éléments d'économie politique,* p. 294 : *Associations coopératives de consommation.* — LYON-CAEN et RENAULT, *Traité de droit commercial,* t. II, n. 34 *bis.* — THALLER, *op. cit.,* n. 151 et suiv.

2. *Association* amicale des officiers de terre et de mer. — *Association* des employés civils de l'État, du département de la Seine ou de la Ville de Paris. — Voy. aussi les statuts de la Société coopérative de Saint-Rémy-sur-Avre (Eure-et-Loir).

tifs de la loi de 1867, où se trouve dit expressément que « les sociétés d'assurances mutuelles *ne sont pas de véritables sociétés*[1]. »

La coopérative de consommation et l'assurance mutuelle font partie d'un même groupe d'associations, les associations à ne pas perdre. En droit romain, nous l'avons remarqué, l'association à ne pas perdre rentrait dans la notion de la *societas*. C'est qu'en effet l'association à ne pas perdre et la société de gains, si elles sont deux espèces distinctes dans le genre des contrats d'association, sont cependant deux contrats très voisins, l'une et l'autre poursuivant un but *pécuniaire*.

De tout ceci nous résumons que la coopérative de consommation est un contrat non prévu par le Code civil et qui se rapproche d'assez près de la société sans être cependant une société.

Mais pourquoi nous sommes-nous si longtemps attardé à cette distinction?

Nous y avons vu d'abord un intérêt doctrinal : la doctrine, et en cela elle nous paraît avoir raison, veut, sans se préoccuper immédiatement des conséquences pratiques qu'elle peut y trouver, aboutir sur tous points à la vérité théorique.

Mais comme toute vérité, celle que nous croyons avoir dégagée est féconde en résultats pratiques. La *véritable nature* de la coopérative nous permettra de déterminer avec exactitude les caractères et les règles de ce contrat; de justifier, sans qu'il soit question de privilèges, les différences de traitement qu'on doit établir entre les coopératives de consommation et les sociétés, en parti-

1. Duvergier, *Commentaire de la loi de 1867*, p. 324.

culier entre les associations coopératives anonymes et les sociétés anonymes ; enfin de montrer que la coopérative proprement dite n'a rien de commercial, point que les coopérateurs regardent comme essentiel.

Privée ainsi du bénéfice d'un droit commun, tracé par le Code civil, comme il en existe un pour les sociétés, n'ayant pas non plus, nous le verrons, de loi qui lui soit spéciale, la coopérative est-elle donc complètement abandonnée à la fantaisie du contrat et de son interprète? Nullement. D'abord, comme tous les contrats, ceux-mêmes que ne prévoit pas le Code, l'association coopérative devra se soumettre aux principes généraux des contrats (Code civil, art. 1107). Quelques règles de la loi du 24 juillet 1867 sur les sociétés lui seront aussi applicables et nous déterminerons lesquelles. Enfin, s'il faut s'en tenir surtout aux conventions des parties (art. 1134), *ces conventions pour répondre au but qu'elles se proposent devront obéir à certains principes* que nous dégagerons. C'est de l'ensemble de ces règles que nous nous efforcerons de composer le droit commun des coopératives de consommation.

### § 3. — Modes d'action des Coopératives.

Le plus généralement, pour procurer à ses membres dans de bonnes conditions les objets dont ils ont besoin, la coopérative les achète ou les fabrique elle-même, puis elle leur vend ces objets au prix coûtant, majoré d'une certaine fraction du prix pour faire face aux frais généraux. C'est là le mode d'action ordinaire de la coopérative, mais non pas le seul.

Au lieu d'acheter et de revendre elle-même, la coopérative peut tout simplement obtenir d'un fournisseur qu'il fasse des réductions à ses associés sur les prix ordinaires du commerce ; un boucher, par exemple, accordera aux coopérateurs 5 °/₀ de rabais sur leurs factures. Le procédé, il est presque inutile de le faire remarquer, a le grand avantage de n'exposer l'association à aucun risque et de n'exiger pour ainsi dire aucun capital.

Il est quelquefois adopté exclusivement par quelques associations coopératives. Telle est « l'Union des employés des chemins de fer de l'Ouest[1]. » Cette union est, en effet, une véritable coopérative. Elle a pour but, dit l'article 2 de ses statuts, « de faire profiter ses membres pour les achats qu'ils ont à faire de tous les avantages de leur union. »

Ce procédé coopératif est également le seul usité de certaines associations qui ont un but principal, tout autre que la coopération de consommation. C'est ainsi que quelques cercles ou associations analogues obtiennent pour leurs membres des réductions de certains fournisseurs. En agissant ainsi le cercle fait acte de véritable coopérative. Les cercles militaires, les associations d'étudiants, pour ne citer que des exemples, procurent souvent ces avantages à leurs membres.

Mais l'application la plus heureuse de ce système se rencontre dans les syndicats agricoles. Les syndicats agricoles ne sont pas des coopératives : leur but est de s'occuper des intérêts généraux de l'agriculture. Cependant, accessoirement à ce but, elles en poursuivent d'habitude un autre, plus pratique pour les syndiqués, c'est de leur

---

1. Une association analogue existe entre les employés de la Compagnie Paris-Lyon-Méditerrance.

procurer à bon marché et de bonne qualité les engrais chimiques, les machines agricoles et autres objets utiles à la culture. Et ces syndicats sont ainsi devenus, pour partie au moins, de véritables coopératives de consommation. Qu'ils aient agi légalement, c'est très douteux. Ce n'était certainement pas l'intention du législateur de leur attribuer cette fonction et le texte de la loi du 21 mars 1884 sur les syndicats professionnels ne prêtait pas à une pareille extension. « Les syndicats professionnels, dit en effet l'article 3 de cette loi, ont *exclusivement pour objet l'étude et la défense* des intérêts économiques, industriels, commerciaux et agricoles. »

Il aurait été certainement aussi simple pour les syndicats agricoles de s'annexer de véritables coopératives et c'est le meilleur parti qu'ils auraient à prendre s'ils étaient jamais inquiétés pour se livrer à des opérations qui sont en dehors de leurs attributions légales. On peut facilement expliquer cette extension irrégulière des syndicats agricoles qui devaient hésiter à fonder une coopérative quand ils voyaient dans le syndicat un organisme simple et tout prêt à fonctionner.

Quoi qu'il en soit, en pratique le syndicat agricole fait des opérations coopératives. Mais il ne procède jamais en achetant lui-même pour revendre aux syndiqués. Il ne fait que grouper et transmettre les commandes de ceux-ci ; il recherche les meilleurs fournisseurs et discute les prix, il fait venir les commandes et vérifie les produits. Cette façon de faire convient d'ailleurs bien mieux que toute autre au syndicat agricole qui ne dispose jamais que de faibles ressources, et elle est même plus avantageuse dans l'espèce. Les engrais et les machines dont ont spécialement besoin les agriculteurs sont en effet d'un transport et d'un

magasinage coûteux et *leur prix de revient serait nécessairement augmenté s'ils passaient par le syndicat*. D'autre
part, c'est au producteur ou au marchand en gros que le
syndicat adresse ses membres et qu'ils font à ceux-ci les
mêmes conditions qu'ils feraient au syndicat lui-même.

C'est aussi en *transmettant* les demandes et les offres,
d'emploi faites à ses associés ou par eux qu'un syndicat
agricole ou autre[1] leur facilitera le contrat de travail et
fera encore œuvre coopérative.

Les coopératives de consommation du type le plus
ordinaire, c'est-à-dire celles qui achètent et revendent,
peuvent, elles aussi, recourir au procédé de l'entente avec
le commerçant. Cela arrivera surtout lorsqu'il n'y aurait
pas avantage pour les coopérateurs à ce qu'un objet leur
soit vendu par l'association, étant donné par exemple les
difficultés de manutention de cet objet. C'est ainsi que la
coopérative parisienne, la « Moissonneuse », qui atteint
un chiffre d'affaires considérable, préfère ne pas vendre
elle-même de médicaments à ses associés, ce qui nécessiterait le concours d'un pharmacien diplômé, et obtenir
pour eux des réductions de certains pharmaciens.
L' « Association coopérative des officiers » offre des
réductions semblables à ses membres chez des bouchers,
des boulangers et même dans des magasins où se vendent
les mêmes marchandises qu'à l'association. Une coopérative en effet peut se trouver offrir moins de choix que
certains commerçants et il ne faut pas perdre de vue que
ce qu'elle doit rechercher d'abord c'est non pas de réaliser
un grand nombre d'affaires, mais de satisfaire ses associés
par tous les moyens en son pouvoir. Et, s'il est préfé-

---

1. On peut citer comme exemple le « Syndicat des gens de maison »
et un grand nombre de syndicats ouvriers.

rable pour eux de s'approvisionner de certains objets ailleurs qu'à la coopérative qui en vend de semblables, celle-ci doit encore s'employer à les lui faire avoir à bon compte, même en dehors de ses magasins. Cette façon de procéder lui est dictée par son but.

Mais, nous l'avons dit, le système par excellence de la coopérative, c'est l'achat en gros ou la manutention et la vente aux associés. C'est le même, on le voit, qu'emploient les commerçants pour rendre au public le service d'intermédiaires, qui doit leur procurer des bénéfices. C'est ce système que nous avons principalement en vue dans cette étude, mais les règles que nous reconnaîtrons devoir s'y appliquer, s'appliqueraient également à toute autre variété de la coopérative de consommation.

# CHAPITRE II

## La Loi de 1867 et les Coopératives.

----

Nous avons vu dans le chapitre précédent, en définissant la coopérative de consommation une association à ne pas perdre, qu'elle ne figurait pas parmi les contrats prévus par le Code civil.

On aurait pu suppléer au silence du Code en organisant le fonctionnement de notre coopérative par une loi spéciale. Mais cette loi n'a pas été faite, si bien que les coopératives, apercevant mal quel est, pour elles, le droit commun, se trouvent très embarrassées dans le choix de la forme qu'elles doivent prendre. Se croyant sociétés, elles cherchent une forme de société, tout en restant cependant de simples associations, puisque, nous l'avons dit, il leur manque l'un des éléments essentiels exigés par l'article 1832 : la poursuite de bénéfices. Elles adoptent donc dans leurs statuts des formes tracées pour un contrat qui n'est pas le leur et par conséquent doivent les modifier sur certains points. Mais de la confusion entre la coopérative et la société naissent la gêne, qu'emportent des formes mal appropriées, et aussi l'incertitude dans les règles à suivre.

Il semble donc qu'il y ait une lacune à combler. Le législateur l'a bien compris, et à deux reprises, il a tenté de donner une loi aux coopératives, mais par deux fois ses efforts n'aboutirent pas, tant à cause des difficultés économiques et fiscales que soulevait la question, que des difficultés juridiques qu'on éprouvait à vouloir à tout prix imposer à la coopérative un régime identique à celui des sociétés, qui lui convenait mal.

Le premier projet date de 1865 et fut à peine ébauché. Les coopérateurs préférant l'absence de règles et partant la liberté à une loi forcément restrictive, demandèrent eux-mêmes l'abandon du projet. Peu de temps après, la loi générale sur les sociétés, du 24 juillet 1867, dans son titre III, *qui visait les coopératives*, bien qu'elle ne les nommât point, reconnaissait que toute espèce de société pouvait valablement se former à « capital et personnel variables. »

On trouva cette première satisfaction insuffisante et un nouveau projet de loi sur nos coopératives commença à être élaboré en 1889. Il fut ballotté pendant plusieurs années de la Chambre au Sénat et du Sénat à la Chambre pour venir enfin échouer au Sénat, dans la séance du 13 mars 1896, sur la question des patentes. Ce projet, tel qu'il apparaissait en dernier lieu, n'était pas parfait ; cependant il marquait un progrès en ce que, sur bien des points, il tenait compte des caractères véritables de la coopérative de consommation.

Actuellement, il n'y a donc pas de loi spéciale sur les coopératives. Toutefois, comme nous l'avons laissé entrevoir, la loi de 1867, en tant qu'elle s'occupe des « sociétés à capital variable », intéresse les coopératives. Nous allons maintenant expliquer comment des dispositions sur les sociétés peuvent se trouver applicables à nos coopératives, ce qui semble en contradiction avec ce que nous avons dit de la nature de ces dernières ; puis nous rechercherons quelles sont ces dispositions et quelle est leur portée.

Le titre III actuel de la loi de 1867, relatif aux « sociétés à capital variable », portait primitivement comme intitulé « des sociétés de coopération. » Si cet intitulé fut abandonné par la suite pour le nouveau, ce fut pour éviter un pléonasme que l'on craignait en joignant au mot société celui de coopérative, dont on ne saisissait pas exactement le sens particulier, et ce fut aussi et surtout pour étendre à toutes les sociétés la faculté qu'on avait d'abord reconnue aux coopératives seules. C'est cependant celles-ci principalement que ce titre avait en vue en s'occupant des sociétés à capital variable ; il n'y a pas de doute possible à cet égard[1]. Mais quelles sont les dispositions de ce titre applicables aux coopératives ?

D'abord la loi autorise la coopérative à se former à capital et personnel variables. La variabilité, cela résulte des termes de cette loi, n'est qu'une *modalité* que peut adopter « toute société ». Et étant donné l'intention spéciale du législateur en rédigeant ce titre, il faut dire sans hésiter que la coopérative peut faire sienne cette modalité tout en restant soumise « aux règles générales qui lui sont propres, suivant sa forme spéciale ». C'est l'application pure et simple de l'article 48[2].

---

1. V. TRIPIER, *Commentaire de la loi de 1867 : premier exposé des motifs.* — LYON-CAEN et RENAULT, *op. cit.*, n. 1032, note 1.

2. Art. 48 : « Il peut être stipulé dans les statuts de *toute société*, que le capital social sera susceptible d'augmentation par des versements successifs faits par les associés ou l'admission d'associés nouveaux, et de diminution par la reprise totale ou partielle des apports

Un autre avantage que la loi entendait conférer aux coopératives est la conséquence de l'article 53. « La société à capital variable, dit cet article, sera valablement *représentée* en justice par ses administrateurs ». C'est-à-dire que *la loi lui reconnaît la personnalité*, puisque cette représentation la suppose, et encore ici « quelle que soit sa forme ».

On voit par ces articles (48 et 53) que la loi voulait donner aux coopératives certaines facilités pour se constituer et fonctionner, mais ne leur imposait aucune forme spéciale. Il reste à se demander sous quelles formes donc elles vont se présenter puisque nulle part il ne leur en a été tracé. Les coopératives pourront en adopter de différentes, *imitées* généralement de celles des sociétés et répondant aux besoins particuliers de chacune : ainsi quelques chefs de famille achètent un panier de poisson à la halle et se le répartissent, c'est l'association coopérative dans toute sa simplicité. Les mêmes chefs de famille voulant s'associer pour une durée plus longue et pour des achats de toute sorte, peuvent adopter une forme d'association analogue à la société que le Code civil donne comme type : responsabilité illimitée, mais divisée entre tous les associés. S'ils veulent inspirer plus de confiance, ils peuvent former, à l'imitation de la société en nom collectif, une association dont tous les membres seront solidairement responsables. Remarquons d'ailleurs que dans tous ces cas, le plus souvent du moins, il ne sera pas question de variabilité du capital

effectués. — Les sociétés dont les statuts contiendront la stipulation ci-dessus seront soumises, *indépendamment des règles qui leur sont propres suivant leur forme spéciale*, aux dispositions des articles suivants.

ni du personnel, et la loi de 1867 n'aura pas lieu de s'appliquer. Où la variabilité aura surtout sa raison d'être, ce sera dans les coopératives anonymes.

Le principe de la coopérative étant d'obtenir de meilleures conditions de prix par l'achat en gros, il est presque nécessaire pour elle, que ses membres soient nombreux. C'est à ce besoin que prétendait répondre le législateur de 1867 en autorisant la coopérative à augmenter son personnel par l'adhésion incessante de nouveaux associés. Pour la même raison, la coopérative semble devoir choisir une forme analogue à celle des sociétés anonymes par actions, qui est celle revêtue par les sociétés dont le personnel est nombreux, et qui est fort bien appropriée au rôle effacé que doit jouer chacun des membres dans une telle association, où l'intérêt commun domine tous les intérêts particuliers. Mais la coopérative peut-elle être anonyme sans se soumettre à la *forme même de la société anonyme par actions?* Peut-elle se constituer sous une forme *sui generis* d'association anonyme?

D'abord, quels sont les caractères distinctifs de la société anonyme? Nous examinerons ensuite si ces caractères lui sont absolument spéciaux. La désignation de société anonyme indique une société *qui n'a pas de nom*, c'est-à-dire qui n'a pas une raison sociale comme en ont une les autres sociétés de commerce, consistant en la réunion des noms des sociétaires, ou de ceux de quelques-uns d'entre eux suivis des mots « et Cⁱᵉ ». Mais le caractère principal de l'anonymat est moins dans l'absence de raison sociale, que dans la limitation de la responsabilité des actionnaires : l'absence de raison sociale n'est guère que le *résultat* de cette limitation. C'est parce que les actionnaires ne sont pas responsables que leurs noms ne sont d'aucune importance pour les tiers. Aussi le terme anglais de « company *limited* » nous paraît-il préférable à celui de société anonyme, car il indique le trait dominant de ces sociétés. Ce qu'il s'agit donc de savoir, pour nous, c'est *si la coopérative peut se former à responsabilité limitée*.

Mais commençons encore ici par nous demander *d'où vient dans la société anonyme* la limitation de la responsabilité des actionnaires; puis nous verrons si c'est là un avantage qui lui soit vraiment particulier. La responsabilité limitée semble à première vue une dérogation au principe bien connu de l'article 2092 que quiconque s'oblige personnellement oblige tous ses biens. Cependant il n'y a pas là de dérogation au principe contenu dans cet article, car il n'y a pas obligation personnelle de la part des actionnaires. En réalité ils ne sont pas *responsables,* même d'une façon limitée, des dettes de la société, car la société ayant la personnalité, ses créanciers ne sont pas les leurs. Si on dit qu'ils sont responsables jusqu'au montant de leurs mises, c'est une expression commode pour indiquer que, si la société fait de mauvaises affaires, leurs droits éventuels au partage des biens sociaux n'auront pas à s'exercer. La responsabilité limitée qui est la cause de l'anonymat est donc elle-même la conséquence de la personnalité de la société anonyme, et, s'il y a faveur de la loi, c'est dans la reconnaissance de la personnalité que véritablement elle consiste.

Mais n'avons-nous pas vu que la coopérative aussi, dès qu'elle est à capital variable, jouit de la personnalité (art. 53)? Il s'ensuivra donc qu'elle est *naturellement* à responsabilité limitée et aussi qu'elle est anonyme sans avoir besoin de se former en société anonyme par actions; par conséquent, elle pourra adopter un type *sui generis*

d'*association anonyme*, dont les règles devront être appropriées à son but.

Nous devons, avant de quitter la question de la responsabilité limitée, lever un doute qui pourrait naitre de la
situation des sociétés en nom collectif. Dans ces sociétés,
en effet, on trouve aussi la personnalité et cependant les
sociétaires ne jouissent pas de la responsabilité limitée.
Mais on doit considérer ce cas comme exceptionnel et
l'exception est fondée sur ce que la société en nom collectif est composée de peu de personnes, lesquelles sont
facilement connues des tiers, leurs noms ou ceux de
quelques-uns formant d'ailleurs la raison sociale de la
société ; les tiers, en faisant confiance à la société, font
confiance aux sociétaires. D'autre part, la société en nom
collectif étant commerciale, il est naturel que les sociétaires
aient entendu se déclarer cautions de la société afin
d'augmenter son crédit, et c'est pourquoi la loi a sous-
entendu ce cautionnement dans la société en nom collectif. Mais, nous le répétons, ce n'est là qu'une exception.
La règle générale, c'est que là où il y a des personnes
juridiques distinctes, il y a des patrimoines distincts et
les créanciers de l'un n'ont pas de droits propres sur
l'autre.

La personnalité cependant *n'empêche pas* la coopérative d'adopter expressément la responsabilité personnelle
des associés : dans ce cas comme dans la commandite on
devrait considérer les associés comme ayant cautionné
l'association. Cette responsabilité personnelle peut dans
ses degrés varier à l'infini : elle peut être celle de la
société civile, c'est-à-dire simplement conjointe ; ou soli-
daire, comme dans la société en nom collectif ; ou semi-
limitée, forme originale admise par la loi autrichienne

de 1873 et la loi allemande de 1889, sur les coopératives :
dans ce cas, suivant les statuts, les associés s'obligent
personnellement en dehors de leur apport pour une
somme égale, double, triple de cet apport. Nous constatons en passant cette possibilité de divers degrés de responsabilité personnelle, mais nous devons dire aussi,
qu'elle n'a guère lieu de trouver emploi dans la coopérative de consommation. La responsabilité limitée aux
apports répond suffisamment à ses besoins de crédit.

La responsabilité limitée est donc *naturelle* à la coopérative à capital variable, qui n'a pas, pour l'acquérir, à
se soumettre aux formes de la société anonyme par
actions et aux restrictions qui y sont attachées par la loi.
La non-application aux associations coopérative anonymes
des règles des sociétés anonymes, outre qu'elle s'impose,
puisque ces associations n'ont pas la même nature, ni les
mêmes caractères que des sociétés, se justifie parfaitement et a une réelle importance, comme nous allons en
juger.

La loi du 24 juillet 1867, modifiée par celle du
1er août 1873, a en effet, dans son titre II, intitulé « des
sociétés anonymes », tracé d'une façon rigoureuse les
règles qu'elle a imposées aux sociétés anonymes. Le
législateur s'est toujours montré méfiant à leur égard,
tant dans l'intérêt des tiers que dans l'intérêt des souscripteurs et de l'ordre public. *Dans l'intérêt des tiers :*
ceux-ci n'ayant comme seul gage que le patrimoine
social, doivent au moins être assurés que les apports qui
le composent ne sont pas fictifs, aussi la loi de 1867
exige-t-elle pour que la société soit constituée, la *souscription totale du capital*, le *versement du quart* ou même
de la totalité de l'action et enfin la *déclaration par les*

*fondateurs devant notaires,* que cette souscription et ce versement sont conformes aux exigences de la loi. *Dans l'intérêt des actionnaires,* qui pour le plus grand nombre ne sont pas des fondateurs, il était à craindre qu'ils fussent exploités par ceux-ci, si on n'avait pas imposé dans les statuts quelques mesures pour les protéger : d'où l'*estimation des apports* par l'assemblée générale et la *nomination de commissaires de surveillance,* qui sont imposées par la loi. Enfin, *dans un intérêt d'ordre public,* la loi a *reculé la négociabilité des actions* jusqu'au jour où le versement du premier quart est effectué et elle impose un *minimum au montant des actions,* afin qu'elles ne puissent pas être considérées comme des billets de loterie. Elle veut éviter que les spéculateurs puissent par des promesses de bénéfices aussi incertains qu'énormes entraîner et perdre dans des entreprises hasardeuses les économies des petits capitalistes, toujours mal renseignés et portés à tenter la fortune sans mesurer les risques.

Ce sont là des mesures *restrictives* apportées à la liberté des conventions ; elles ont leur raison d'être dans les dangers spéciaux que présentent les sociétés dont le but est de spéculer, et qui pourraient provenir des exagérations malhonnêtes de la spéculation même. Mais *ces mesures sont exceptionnelles,* et elles ne doivent être appliquées qu'aux sociétés proprement dites.

Les mêmes dangers ne se rencontrent plus dans les coopératives, *dont le but est tout autre.* Nous verrons aussi que les apports faits par les coopérateurs sont naturellement très faibles et ne donnent pas à craindre de fraudes sérieuses à l'égard des tiers ; qu'en outre, les parts coopératives ne sont pas négociables comme les actions des sociétés et ne sauraient donner lieu à un agiotage dangereux pour qui que ce soit ; enfin, la surveillance de la gestion des administrateurs est sans doute désirable, mais elle peut, bien plus facilement que dans les sociétés par actions, être exercée directement par les associés eux-mêmes et par l'assemblée générale, étant donné la simplicité des opérations auxquelles se livre la coopérative.

On nous objectera peut-être que, suivant les besoins de la cause, tantôt nous faisons rentrer les coopératives de consommation parmi les « sociétés » régies par la loi de 1867 et tantôt nous affirmons que le législateur ne les a pas comprises parmi les sociétés auxquelles elle imposait ses règles. Il n'y a cependant aucune contradiction en cette manière de faire, car nous avons envisagé successivement deux parties distinctes de la loi de 1867, et autant il est certain que le titre III sur les sociétés à capital variable visait principalement les coopératives, autant il est certain aussi qu'en réglementant les sociétés par actions dans le titre II, le législateur n'a nullement pensé aux coopératives.

La coopérative peut donc être *anonyme et à responsabilité limitée*, sans être astreinte aux règles *exceptionnelles* imposées aux sociétés anonymes par actions.

La limitation de la responsabilité de ses membres n'est pas l'unique avantage qui résulte de la personnalité pour les coopératives. Pour apprécier l'étendue du bienfait de la personnalité — bienfait qui, d'après la doctrine, ne peut émaner que de la loi —, il suffirait de montrer les difficultés pratiques que rencontrent les sociétés et les associations dénuées de personnalité, notamment en justice, où, dans toutes les procédures faites contre elles ou pour elles, doivent figurer les noms de tous les

associés, et de rappeler aussi les efforts tentés par de
nombreux auteurs pour leur faire reconnaitre cette personnalité ou des droits équivalents[1].

Après la reconnaissance du droit de se constituer à
capital variable (art. 48) et la concession de la personnalité (art. 53), il faut encore citer quelques dispositions
de la loi de 1867 applicables aux coopératives, et dont
les principales sont relatives à la fixation à 200 000 francs
du maximum du capital initial et des augmentations
annuelles, et surtout celles qui organisent la publicité,
qui est pour elle la même à peu près que les sociétés
commerciales[2].

En résumé, la loi de 1867, bien que muette sur les
coopératives, admet qu'elles peuvent se constituer à
capital variable, et, dès qu'elles sont à capital variable,
elle leur concède la personnalité et leur impose la limitation du capital et la publicité. Mais, en dehors des
règles générales sur les « sociétés à capital variable », la
coopérative échappe à son action, quoiqu'elle puisse
toujours s'inspirer de ses dispositions et leur faire tous
emprunts qu'elle juge bons. Ces réserves faites, il nous
parait très exagéré de dire, comme on l'a fait souvent,
que les coopératives vivent sous l'empire de la loi de
1867. Pas plus que dans aucune autre loi, on ne trouve
tracé dans celle-ci le droit commun de nos coopératives.

1. DUVERGIER, *Droit civil français*, t. V, n° 331-334. — TROPLONG,
*Du Contrat de société*, 58, 81, 859. — BRAVARD-VEYRIÈRES, *Traité de
Droit commercial*, t. I, p. 170-178. — VAUTHIER, *Étude sur les personnes
morales*. — MONGIN, *Revue critique*, 1890.
2. V. p. 52.

# CHAPITRE III

## Caractère non commercial des actes de la coopérative.

---

Nous avons jusqu'à présent déterminé la nature de la coopérative et recherché dans la loi les dispositions qui doivent s'y appliquer. Il nous paraît utile, avant d'étudier son fonctionnement, d'examiner dès maintenant le caractère de ses opérations, ce caractère influant sur l'organisme coopératif tout entier. Les actes de la coopérative sont-ils commerciaux ou civils, c'est-à-dire non commerciaux? Telle est la difficulté que nous devons trancher.

La coopérative, on se le rappelle, peut se livrer à toutes les opérations qui lui permettent de répondre aux besoins de ses associés et, à cet effet, elle emploie les mêmes procédés que les commerçants: elle produira elle-même et vendra ses produits comme l'industriel; elle achètera des objets qu'elle revendra comme le détaillant; elle rapprochera le producteur et le consommateur comme le courtier. Toutes ces opérations ressemblent à des actes que l'on n'hésite généralement pas à qualifier de commerciaux. C'est ce qui explique d'ailleurs que plusieurs législations assimilent les coopératives à des commerçants[1]. Il est vrai qu'à la différence des commerçants ordinaires, la coopérative ne poursuit pas la réalisation de bénéfices. Mais l'absence de bénéfices est-elle suffisante pour enlever à ces actes leur commercialité habituelle ? C'est à cela que se résume la question.

Examinons d'abord l'acte le plus fréquent de la coopérative : l'achat suivi de revente. « La loi répute acte de commerce tout achat de denrées et marchandises pour les revendre soit en nature, soit après les avoir travaillées ou mises en œuvre... » (Code de com., art. 632). Doit-on s'en tenir exactement à cet article ? Il semble bien affirmatif. Cependant beaucoup de jurisconsultes[1], pour ne pas dire tous, admettent que les coopératives ne font pas acte de commerce. Nous sommes aussi de cet avis. Mais sur quoi peut se baser cette opinion ? Ici les avis diffèrent. La coopérative, a-t-on dit d'abord, achète les marchandises *au nom des associés* et les leur distribue au fur et à mesure de leurs besoins : ce sont les associés eux-mêmes qui achètent, il n'y a donc pas revente. Cette interprétation est très admissible quand il s'agit de l'acquisition en commun par quelques personnes d'un lot de marchandises suivie d'une répartition immédiate. Mais dans le cas de l'association anonyme elle n'est plus possible, à moins de renoncer en même temps à la variabilité du capital et à son heureuse conséquence, la personnalité. Car du moment que la personnalité est reconnue à l'association coopérative, les actes faits par ses administrateurs sont faits au nom de la coopérative et non pas en celui des associés. C'est la coopérative qui achète

---

1. Voyez l'art. 17 de la loi allemande du 1er mai 1889, et les législations belge, italienne, portugaise, qui règlent les coopératives dans leur Code de commerce.

Voy. notam. CAUWÈS, *op. cit.*, III, n. 952. — THALLER, *op. cit.*, n. 646.

et non pas les associés. Pour leur transmettre les objets achetés *elle devra les leur livrer contre un prix,* c'est-à-dire les leur *vendre* (art. 1582 du Code civ.). Il y a, à n'en pas douter, de la part de la coopérative, achat et *revente.*

Il faut donc chercher une autre raison à la non-commercialité des achats faits par la coopérative.

L'idée générale qui a dicté l'article 632 au législateur, c'est que tout acte de spéculation est un acte de commerce. La spéculation, c'est-à-dire la poursuite d'un gain, est en effet la raison d'être du commerce et des actes de commerce. Le législateur apercevant que dans la grande majorité des cas, l'intention de revendre marque un esprit de spéculation de la part de l'acheteur, a donc été amené à considérer l'achat pour revendre comme un acte de commerce. Mais « ce qui rend l'acte commercial, disent avec raison MM. Lyon-Caen et Renault[1], c'est moins l'intention de revendre en elle-même et toute seule que celle de réaliser des bénéfices en revendant ; alors seulement on peut dire qu'il y a spéculation. » Or la coopérative ne recherche pas de bénéfices : la vente pour elle est un moyen de rétrocéder son achat. Le prix de revente est le même en principe que le prix d'achat.

Nous avons supposé jusqu'ici le cas de la coopérative type, c'est-à-dire la vente *aux seuls associés.* Doit-on décider de même quand la coopérative revend à certaines personnes connues dans la coopération sous le nom particulier d'adhérents ? Nous verrons plus loin, en traitant des droits des associés, que suivant les cas les « adhérents » sont tout simplement soit des associés, soit des tiers[2].

1. LYON-CAEN et RENAULT, *op. cit.,* n° 115.
2. V. p. 70.

Les adhérents sont-ils des associés ? la coopérative en leur vendant ne fait pas plus acte de commerce qu'en vendant aux autres associés ; sont-ils des tiers ? la coopérative fait acte de commerce.

La coopérative qui vend à ses seuls associés ne fait pas acte de commerce, telle est la règle générale. Mais cette règle est-elle absolue ?

Nous avons précédemment[1] fait rentrer dans la définition de la coopérative de consommation, l'association que formeraient des commerçants pour s'approvisionner en commun chez le producteur lui-même au lieu de s'adresser au commerçant en gros. Ces coopératives font-elles acte de commerce en vendant à leurs associés, pour les besoins de leur commerce ? Reprenant notre théorie de tout à l'heure, nous dirons : il y a acte de commerce s'il y a spéculation. Or cette coopérative ne spécule pas plus que celle dont les associés ne sont pas commerçants. Elle ne cherche pas non plus à *gagner*. On dira, il est vrai, que le commerçant qui achète à la coopérative avec l'intention de revendre les marchandises qu'il achète, fait acte de commerce. Cela est incontestable, car il spécule sur la différence entre le prix d'achat et le prix de vente, dont il *bénéficiera*. Mais cela n'entraîne nullement comme conséquence que *la coopérative* elle-même fasse acte de commerce. Qu'on ne l'oublie pas, la coopérative a la personnalité, ses opérations sont distinctes de celles de ses associés, par conséquent il se peut très bien que l'acte qui est commercial pour l'associé corresponde à un acte qui ne le soit pas pour la coopérative. D'ailleurs, n'arrive-t-il pas très souvent dans la pratique, qu'un

1. V. p. 11.

même contrat soit commercial à l'égard de l'une des parties et civil à l'égard de l'autre : nous trouvons un cas tout à fait analogue au nôtre dans celui du fruitier qui achète les produits du maraîcher, ou du cabaretier qui achète un tonneau de vin au vigneron : le fruitier et le cabaretier font acte de commerce, mais non pas le maraîcher ni le vigneron.

Mais ne pourrait-on pas dire : la coopérative formée entre commerçants est commerciale et fait des actes de commerce en vertu de la théorie de l'accessoire qui résulte du même article 632, avant-dernier alinéa? En vertu de cette théorie, toutes obligations entre négociants étant commerciales lorsqu'elles se rapportent à leur commerce, le fait entre négociants de s'associer pour acheter en commun doit être considéré comme un acte commercial. Ces négociants, il est vrai, qui contractent une association coopérative pour les besoins de leur commerce, font un acte de commerce en adhérant à la coopérative, mais cela ne change en rien le but ni le caractère de celle-ci dont la personnalité est distincte.

Les coopératives composées uniquement de commerçants ayant exactement la même nature que les coopératives composées de non-commerçants, il n'y aurait donc aucun inconvénient à ce qu'une coopérative fournît à la fois des commerçants et des non-commerçants, ce qui se concevrait surtout dans de petits centres, où le marchand en gros faisant défaut, la coopérative pourrait en tenir lieu pour le petit détaillant. Nous croyons donc inutile la prohibition que s'imposent certaines coopératives de vendre à des commerçants par crainte de faire acte de commerce.

Si la coopérative, au lieu d'acheter les objets qu'elle vend, les produisait elle-même ou les manufacturait, elle ne ferait pas davantage acte de commerce en les vendant, car, là encore, *l'esprit de lucre* ferait défaut.

Et même pour qu'il y ait acte de commerce, il ne suffit pas que cet esprit de lucre existe d'une façon quelconque : il faut qu'il soit suffisamment caractérisé. On ne devrait pas le considérer comme tel dans la vente aux tiers des résidus, *qui par leur nature ne peuvent être vendus aux associés,* auxquels ils ne seraient en général *d'aucun usage.* C'est ainsi que le Parlement avait reconnu très justement dans le dernier projet, qu'une boucherie coopérative peut vendre aux tiers le cinquième quartier, c'est-à-dire les déchets inutilisables pour l'alimentation, sans faire de la sorte un acte de commerce. Cette vente, en effet, est simplement un acte de bonne administration et n'est pas plus commerciale que la vente par un particulier de la peau du lapin ou du lièvre qu'il a acheté au marché.

Remarquons que cette idée de bénéfices ou de spéculation qui vient de nous servir à caractériser *l'acte commercial,* nous l'avions déjà rencontrée comme base de la distinction entre la *société* et la simple association. Cependant ce criterium n'a pas exactement la même valeur pour la société et pour l'acte commercial. Tandis que la recherche de bénéfices est nécessaire et suffit pour donner à une association le caractère d'une société, elle *ne suffit jamais* pour donner à un acte le caractère commercial et *quelquefois elle ne lui est pas nécessaire.*

En effet, d'une part, si certains actes ne sont commerciaux que s'il y a esprit de spéculation, il faut qu'à cette condition s'en joigne une autre, que ces actes rentrent dans l'énumération légale des articles 632 et suivants du Code de commerce : par exemple l'achat pour revendre, qui est le plus fréquent des actes commerciaux, ne constitue un acte de ce genre qu'autant qu'il porte sur des « denrées et marchandises » (art. 632)[1]. C'est pourquoi il y a des sociétés *qui ne sont pas commerciales*. Telle une société formée entre marchands de biens dont les achats et les reventes portent sur une autre chose que des « denrées et marchandises »[2]. D'autre part, il y a certains actes qui, pour être commerciaux, n'ont pas besoin d'être faits dans un esprit de lucre : telle est l'apposition d'une signature sur une lettre de change (art. 632, dern. al.), qui n'a pas pour but la réalisation d'un bénéfice[3]. Mais il faut reconnaître que ces cas sont exceptionnels, car l'énumération de la loi est très large et comprend presque tous les actes de spéculation et elle ne comprend guère que des actes de ce genre. De sorte qu'on peut donner comme règle générale, au moins pour notre coopérative dont les opérations les plus ordinaires sont *des achats et des reventes de marchandises*, qu'il y a parallélisme entre le caractère distinctif de la société et celui de l'acte commercial ; et que si la coopérative ne recherche pas de bénéfices, elle n'est pas une société et n'est pas commerciale ; mais qu'au contraire *elle devient une société* et, en même temps, devient *commerciale,* si elle se met à poursuivre des bénéfices, ce qui revient à dire qu'une coopérative ne sera jamais une société civile. Nous allons immédiatement trouver l'application du parallélisme que nous venons d'indiquer.

La coopérative ne fait pas acte de commerce en ven-

---

1. Lyon-Caen et Renault, *op. cit.*, n° 107.
2. *Ibid.*, n° 109.
3. *Ibid.*, n°ˢ 103 et 149.

dant à ses associés, mais qu'arriverait-il si elle vendait aux tiers en même temps qu'à ses associés?

Supposons d'abord que la coopérative *s'est constituée en véritable association,* c'est-à-dire en ne recherchant aucun bénéfice et que les statuts ne permettent pas d'en douter : en vendant aux tiers, presque nécessairement elle ferait ou chercherait à faire des bénéfices, *elle deviendrait commerçante,* puisqu'elle se livrerait habituellement à des actes de commerce, achats pour revendre avec esprit de lucre. Recherchant des bénéfices, *elle deviendrait en même temps une véritable société* et l'autorisation préfectorale, que nous croyons nécessaire pour sa constitution, devrait lui être retirée. La coopérative se dissoudrait donc *ou se transformerait en une société,* qui, pour être anonyme, devrait se soumettre au titre II de la loi de 1876.

Mais une prétendue coopérative veut se *constituer avec l'intention formellement exprimée dans ses statuts,* de vendre aux tiers en même temps qu'à ses membres, c'est-à-dire qu'elle se propose de faire des actes de commerce, peut-elle se constituer? Elle le peut certainement. Mais elle ne sera plus une simple association, à son caractère d'association se mêlera celui de société, et on devra la considérer comme une société commerciale. Il n'est pas nécessaire, en effet, pour qu'il y ait une société, que les contractants n'aient recherché que des bénéfices, il suffit qu'ils en recherchent. De même pour qu'une société soit commerciale, il n'est pas nécessaire qu'elle ne fasse que des actes de commerce. Sans doute, cette société gardera un caractère coopératif, puisqu'elle aura pour but de procurer à ses membres les objets dont ils ont besoin. Mais au point de vue juridique elle ne nous intéresse pas puisque son caractère de société la fait rentrer *dans le droit commun des sociétés.*

Cette « *société coopérative*, » indiquons-le cependant, peut présenter différentes variétés. Ou bien elle aura toutes les apparences d'une association coopérative ordinaire, vendant aux associés et leur restituant les trop-perçus de leurs achats, mais avec cette particularité qu'elle vend aux tiers, et que les trop-perçus faits sur les tiers, c'est-à-dire les bénéfices de la société, sont répartis, au moins en partie, entre les sociétaires, d'après le mode fixé par les statuts. Ou bien c'est un groupe de spéculateurs qui forment une société, qu'ils appelleront coopérative : ils vendront au public, comme un commerçant ordinaire et restitueront aux acheteurs une partie du prix payé. C'est une prime qu'ici le commerçant donne à ses clients. Les membres de cette société toucheront, *comme bénéfices* dans l'entreprise, la partie des trop-perçus qui ne sera pas restituée aux acheteurs, ils peuvent même se contenter de retirer du capital qu'ils ont apporté, un intérêt suffisamment rémunérateur, qu'ils prélèveront avant toute restitution. Le procédé d'une prime ainsi donnée aux acheteurs est très légitime de la part d'un commerçant, mais l'appellation de coopérative ne convient guère à une telle société, dont le but n'est pas de satisfaire à bon compte les besoins de ses sociétaires; cependant le type existe sous ce nom, c'est pourquoi nous en parlons.

On devrait aussi considérer comme *société commerciale* une soi-disant coopérative, dont les statuts attribueraient les trop-perçus au *prorata du capital* apporté par chacun de ses membres. Dans ce cas, en effet, le sociétaire célibataire qui n'aurait pas beaucoup acheté à la coopérative *réaliserait un bénéfice* aux dépens du père de famille qui, ayant fait de nombreux achats, a fourni une plus grande part de bénéfices à la société, car étant donné le mode de répartition des dividendes, ils toucheraient somme égale si les apports étaient égaux et même le premier toucherait plus que le second si son apport était plus important. Ici, non plus, la dénomination de « coopérative » ne convient pas, puisque cette société n'évite pas à ses membres le bénéfice de l'intermédiaire.

Enfin on devrait considérer *comme devenant commerçant* le coopérateur lui-même, qui revend *habituellement* les objets acquis par lui à la coopérative, si du moins il revend ces objets plus cher qu'il ne les a achetés, ou si en les vendant le prix qu'il les a achetés il s'assure la restitution d'un trop-perçu à l'occasion de ces objets, car il y a spéculation de sa part.

Toutes les combinaisons que nous venons de voir, qui sous le nom de coopératives, cachent de véritables sociétés commerciales, doivent, bien entendu, être traitées comme telles. Mais, nous l'avons dit, elles ne sont pas purement et simplement des coopératives. C'est toutefois en prétendant que les coopératives peuvent abriter des spéculateurs ordinaires, qu'à maintes reprises, durant la discussion du projet de loi, on a insisté au Parlement pour que les coopératives fussent traitées comme de véritables commerçants. Ce raisonnement était mauvais. S'il y a de prétendues coopératives qui soient au fond des sociétés commerciales, il n'y a qu'à les démasquer et à les considérer comme des commerçants ordinaires. C'est d'ailleurs ce qu'ont très bien su faire la jurisprudence et l'administration fiscale. Mais ce n'est pas une raison pour présumer que toutes les coopératives font des actes de commerce et leur imposer ainsi des taxes qu'elles ne doivent pas payer.

# CHAPITRE IV

## Constitution de l'Association coopérative.

L'Association anonyme coopérative se forme entre les parties comme tout contrat, par le concours de plusieurs volontés.

Les règles générales des contrats s'appliquent, bien entendu, ici comme ailleurs (Code civ., art. 1107) : sont nécessaires à l'existence du contrat le consentement des parties, un objet certain qui forme la matière de l'engagement, une cause licite dans l'obligation (Code civ., art. 1108). Le contrat *existe* dès que ces conditions sont remplies, mais, pour être *valable*, il faut encore la capacité des parties.

Le *consentement* de s'obliger en vue de former une association (*affectio societatis*) se manifestera par la *signature* des statuts pour les membres qui entrent dans l'association au moment de sa formation, par l'*adhésion* aux statuts pour ceux qui n'y entreront que plus tard. Cette adhésion devra être suffisamment affirmée pour qu'il n'y ait pas de doute possible. Elle résultera très généralement de certains faits, toujours les mêmes pour chaque nouveau membre : inscription sur le registre des

associés et aussi versement d'un apport ou cotisation. A
propos du consentement des parties, remarquons que le
contrat se forme *entre les futurs membres* de la coopérative quand celle-ci est sur le point de se constituer et
qu'après la constitution il intervient entre la coopérative
elle-même, dans la personne de son mandataire, et l'individu qui se présente comme nouvel associé. Il y a, en
quelque sorte, une série de contrats qui se résument en
un seul. Cependant, beaucoup de coopératives portent
dans leur article 1er : « Il est formé *entre les soussignés
et les personnes qui adhéreront* aux présents statuts une
coopérative de consommation. » Nous préférerions cette
formule : « Il est formé entre les soussignés une association coopérative *à laquelle pourront adhérer d'autres personnes*. » Ce n'est, d'ailleurs, là qu'une observation
purement théorique.

L'article 1108 exige un *objet* certain qui forme la matière de l'engagement. L'objet du contrat, c'est ce sur
quoi porte l'obligation des contractants. C'est, d'après
l'article 1126, un fait ou une chose, et ce sera du côté
des futurs *associés* l'*apport*; de la part de la coopérative,
quand elle sera partie au contrat, les avantages qu'elle
procure à ses membres. L'apport du coopérateur sera
une somme d'argent réellement versée en totalité, ou en
partie, avec promesse de la compléter. En outre, il
fournit sa clientèle.

L'apport en argent est très généralement exigé, mais
les statuts pourraient se contenter d'un apport en nature.
Nous admettrions très bien, par exemple, qu'il consistât
en travail. Ne serait-ce pas là un moyen pratique pour
certaines coopératives d'admettre dans leur sein des gens
malheureux et momentanément sans travail ? Il serait à

coup sûr très intéressant de faciliter l'accès de la coopérative aux plus infortunés : or, si on exige d'eux une somme d'argent même quelconque, n'ayant jamais un sou d'avance, par négligence peut-être, mais peut-être aussi par des charges de famille hors de proportion avec leurs ressources, ces gens-là n'auront jamais l'occasion de profiter des avantages de la coopérative. Et, pourtant ces avantages leur seraient plus précieux qu'à tous autres. L'apport en travail se comprendrait très bien dans une coopérative importante, qui pourrait employer les nouveaux venus à des travaux faciles de couture, de nettoyage, ou de culture, par exemple.

D'après l'article 1108, il faut aussi une *cause licite* à l'obligation. La cause de l'obligation est *ce pourquoi* on s'oblige. Dans un contrat synallagmatique comme l'est le nôtre, la cause de l'obligation de l'une des parties est l'objet de l'obligation de l'autre. Le nouvel adhérent fournit son apport, *pour obtenir les avantages* que lui promet la coopérative. Ces avantages constituent la cause de son obligation en même temps que l'objet de l'obligation de la coopérative. Cette cause doit être licite. Ne le serait certainement pas la cause de l'obligation des associés d'une coopérative formée pour le recel et la vente d'objets volés. Nous allons voir tout à l'heure, que la coopérative est soumise à l'autorisation préalable comme les associations en général : l'administration, en donnant l'autorisation, devra examiner précisément, si le but de la coopérative est licite et si par conséquent l'est aussi la cause de l'obligation des associés.

Le contrat d'association *existe* quand les trois conditions que nous venons d'indiquer se trouvent réunies. L'article 1108 ajoute une quatrième condition, *la capacité des parties,* mais elle n'est requise que pour la *validité* du contrat : le contrat passé par des parties incapables existerait tant qu'il ne serait pas annulé.

La règle est que toute personne peut contracter une association coopérative. L'incapacité ne pourrait être que l'exception (arg. art. 1123). Les seules personnes pour lesquelles la capacité de passer notre contrat semble douteuse sont le mineur, l'interdit et la femme mariée, qui sont tous trois frappés d'une incapacité générale, en ce sens que cette incapacité s'étend en principe à tous les actes de la vie juridique. Pour ces actes le tuteur *agit au lieu et place* de l'interdit ou du mineur, et le mari doit *autoriser* sa femme, qui les fait elle-même.

Il semble cependant, que pour le contrat coopératif l'intervention effective du tuteur ou du mari n'est pas nécessaire et, que si les incapables sont en *possession* de la somme qu'exige la coopérative à titre d'apport, ils doivent être considérés comme *munis d'un mandat suffi-sant* pour faire le contrat d'association. Car le tuteur ou le mari en remettant cet argent au pupille ou à la femme s'en sont rapportés à eux pour l'emploi de cet argent. Mais, nous croyons que ce mandat, s'il n'est pas exprès de la part du tuteur, n'obligerait pas le mineur pour les ver-sements ultérieurs promis par lui. A l'égard de la femme, au contraire, l'entrée dans une coopérative est simplement un acte se rattachant à la gestion du ménage, et pour cette gestion, la femme est toujours présumée avoir non pas la simple autorisation du mari, mais un mandat géné-ral de l'obliger personnellement comme chef de la com-munauté, de sorte que la coopérative nous semblerait fondée à réclamer au mari lui-même les versements com-plémentaires que sa femme se serait engagée à réaliser.

4

L'article 1124 indique qu'il y a certaines personnes auxquelles tels et tels contrats sont interdits. Nous ne croyons pas que le contrat d'association coopérative puisse l'être à qui que ce soit et nous nous étonnons qu'on ait pu hésiter à en déclarer capables dans les termes du droit commun les commerçants, qui veulent former une coopérative d'approvisionnement et aussi les coopératives elles-mêmes, qui veulent former entre elles une plus vaste association [1].

Une autre condition de validité du contrat, spéciale aux conventions synallagmatiques, se trouve dans l'article 1325 : « Les actes sous seing privé qui contiennent de telles conventions ne sont valables qu'autant qu'ils ont été faits en autant d'originaux qu'il y a de parties ayant un droit distinct ». Cet article nous semblera suffisamment observé, s'il est délivré à chaque associé lors de son adhésion un exemplaire des statuts et une pièce, telle qu'un livret d'associé prouvant son adhésion. Ce que veut l'article 1325, c'est tout simplement en effet que les parties soient à même de connaître et de prouver les conventions sans avoir recours à leurs contractants. Or, ici, il y a un mode de preuve tout à fait spécial, ce sont les exemplaires des statuts déposés à la Justice de paix et au Tribunal de commerce : les parties pourront toujours vérifier si l'exemplaire qui leur a été délivré est conforme à ceux déposés.

Telles sont les conditions qui s'imposent pour sa constitution à une coopérative en vertu du droit commun des contrats. De plus, à raison de sa nature d'association et de la variabilité de son capital, elle est soumise encore

1. V. notamment au *Journal Officiel*, la séance du 28 février 1896, p. 173 et p. 176.

à quelques obligations particulières pour que son existence soit légale.

Le législateur a vu dans l'association un instrument de trouble politique ou social. Aussi a-t-il pris des mesures contre elle. « Nulle association de plus de vingt personnes, dit l'article 291 du Code pénal, ne pourra se former qu'avec l'agrément du Gouvernement ». Nous ne croyons pas que la coopérative échappe à cette règle générale. Sans doute, les sociétés qui répondent à la définition de l'article 1832 peuvent se former librement, sans aucune autorisation. Mais si les sociétés, étant donné leur but lucratif, n'ont pas été considérées comme une cause possible de danger politique, on les a par contre soumises aux règles restrictives que nous avons vues et qui se rapportent aux dangers particuliers de la société. Le but *intéressé* aussi des coopératives de consommation pourrait certes permettre de les dispenser également de l'autorisation administrative. Cependant, il se peut qu'à l'association coopérative, il se mêle une association politique qui puisse être dangereuse. Une coopérative, dont les statuts consacrerait les bonis à une propagande révolutionnaire présenterait tout autant de raison d'être soumise à l'autorisation qu'une association de géographie ou de gymnastique. L'autorisation peut donc se justifier, mais on pourrait en général la supprimer sans danger ; car là où existe une coopérative dangereuse, il n'y a pas qu'une coopérative, il y a en même temps une association politique qui pourrait toujours être dévoilée. Remarquons du reste qu'en pratique, l'administration n'exige pas des coopératives qu'elles se soumettent à l'autorisation, et les coopératives ne songent pas à la demander[1]. C'est

1. Cependant il y a des coopératives qui sont munies de l'autori-

encore une des conséquences de la confusion avec les
sociétés.

Reste la publicité, si l'association est à capital variable.
Le titre IV de la loi de 1867, qui organise la publicité
des sociétés, à ne s'en tenir qu'à l'article 51 ne viserait
que les sociétés commerciales, dont il parle seulement[2].
Mais l'intitulé de ce titre « Dispositions relatives à la
publication des actes de société » ne semble nullement
indiquer une semblable intention et l'esprit de la loi était
certainement d'imposer la publicité *à toutes les sociétés
qu'elle avait prévues* et notamment aux « sociétés à capital
variable », *ainsi qu'à* toutes les sociétés commerciales. Il
est d'ailleurs très naturel, du moment que l'on reconnaît
la personnalité aux coopératives, comme aux sociétés
commerciales, que les tiers aient la possibilité d'être légalement avertis de sa constitution et du contenu de ses
statuts.

Cette publicité consiste dans le « dépôt au greffe de la
justice de paix et du tribunal de commerce du double
de l'acte constitutif » (art. 55) et dans la publication d'un
extrait de ces statuts dans l'un des journaux d'annonces
légales (art. 56). L'extrait doit énoncer que la coopérative

sation administrative : la coopérative de Saint-Remy-sur-Avre est
dans ce cas.

2. Article 55. Dans le mois de la constitution de toute société commerciale un double de l'acte constitutif, s'il est sous seing privé, ou une
expédition s'il est notarié, est déposé au greffe de la justice de paix
et du tribunal de commerce du lieu dans lequel est établie la société.
— A l'acte constitutif des sociétés en nom collectif et des sociétés
anonymes sont annexées : 1º une expédition de l'acte notarié constatant la souscription du capital social et le versement du quart;
2º une copie certifiée des délibérations prises par l'assemblée générale dans les cas prévus par les articles 4 et 24. — En outre, lorsque
la société est anonyme, on doit annexer à l'acte constitutif la liste
nominative dûment certifiée des souscripteurs contenant les nom,
prénoms, qualités, demeure et le nombre d'actions de chacun d'eux.

est à capital variable et contenir le chiffre de la somme au-dessous de laquelle le capital ne peut être réduit. Mais la coopérative n'est pas astreinte à la publicité qui est imposée spécialement aux sociétés par actions (art. 55, al. 2) et qui correspond à des dispositions *spéciales* à ces sociétés, auxquelles, nous l'avons vu, la coopérative n'est pas soumise. Ainsi, son capital n'étant pas divisé par actions, mais étant formé du simple groupement de cotisations, il n'y aura pas lieu à produire l'expédition de l'acte notarié contenant la souscription du capital social et le versement du quart. Mais il faut, comme pour la société anonyme, qu'il y ait *l'indication du capital-apports,* c'est-à-dire du montant total des apports effectués ou promis, et comme les tiers ont, dans le cas d'apports simplement promis, un recours contre les associés, la liste de ceux-ci devra être annexée.

Disons en passant qu'une sorte de publicité postérieure à sa constitution résultera pour la coopérative de l'obligation dans laquelle elle se trouve, d'énoncer dans toutes les factures et autres imprimés, qui émanent d'elle, qu'elle est « à capital variable » (art. 64).

Ce système de publicité est en somme assez complexe sans être très efficace, puisque l'extrait de l'acte constitutif n'est pas inséré dans *tel journal,* mais dans *l'un des journaux* d'annonces légales. Il pourrait être avantageusement remplacé par le système suisse — à peu près le même que le système allemand — de l'inscription sur un registre *ad hoc,* avec insertion dans *la* feuille officielle. C'est une publicité plus simple et qui présente plus de garanties pour les tiers.

# CHAPITRE V

## Patrimoine coopératif.

**I. Apports des associés.
II. Prélèvement sur les trop-perçus. — III. Emprunts.
IV. Libéralités.**

---

\

Le seul fait de s'unir pour acheter suffirait pour une seule opération coopérative, si on payait en commun la marchandise qui serait immédiatement répartie entre les participants. Mais la coopérative poursuit d'habitude un ensemble d'opérations et il est inutile d'insister beaucoup pour montrer la nécessité d'un fonds de roulement. Grâce à ce fonds la coopérative pourra avoir un local, faire face aux frais d'installation et aux frais généraux, acheter au comptant et dans de bonnes conditions sans avoir à se préoccuper de l'emploi immédiat des marchandises achetées. Les capitaux que la coopérative a besoin d'avoir à sa disposition, elle les trouvera dans son patrimoine personnel. Dès qu'elle est à capital variable elle est en effet une personne juridique et, comme telle, a un patrimoine propre, c'est-à-dire sinon des biens, du moins la possibilité d'en avoir. C'est ce patrimoine qui matérialise en quelque sorte la personnalité de la coopérative. Ce patrimoine peut s'alimenter à différentes sources : ce

seront surtout les apports des associés et le prélèvement
sur les trop-perçus ; ce pourra être aussi l'emprunt et les
libéralités.

### § 1. Apports des Associés.

Nous avons vu que l'apport qui constitue l'objet nécessaire de l'obligation de l'associé peut varier de nature
au gré des statuts de chaque coopérative. Il peut être
d'une somme d'argent, d'objets en nature, de travail
fourni à la coopérative.

Mais encore faut-il qu'il existe, et il est intéressant, au
point de vue théorique comme au point de vue pratique,
de se demander s'il y a un apport véritable dans le
simple fait d'acheter à la coopérative et de fournir le
prix de la marchandise achetée. On ne peut pas dire qu'il
y ait, en ce cas, absence totale d'apport : *l'acheteur
apporte son argent et facilite ainsi* les opérations de la
coopérative. Ce serait le seul apport dans une association
formée en vue d'une opération coopérative unique. Dans
une coopérative ordinaire, on pourrait sans doute aussi
soutenir qu'il y a apport suffisant et les statuts pourraient
s'en contenter. Mais il y a une raison spéciale pour
laquelle nous croyons qu'on ne doit pas toujours admettre
un étranger à si bon compte dans une coopérative, c'est
que généralement en dehors de son rôle de contribution
à la formation du patrimoine coopératif, l'apport joue le
rôle accessoire de rendre certaine l'intention d'adhérer à
la coopérative, l'*affectio societatis*. Or le seul fait d'acheter
une fois au magasin coopératif n'implique nullement,
même d'une façon probable, l'intention de s'associer.

Cependant cette intention peut ne pas être douteuse sans qu'il y ait d'autre apport, *si elle résulte d'autres faits,* par exemple de certaines formalités d'inscription sur le registre des coopérateurs, avec signature, remise de livret, etc.

On voit par conséquent que lorsque l'apport n'est pas nécessaire pour prouver l'intention de former le contrat coopératif, il peut être réduit pour ainsi dire à rien, puisque non seulement il pourra n'être pas de l'argent, mais que le simple fait d'acheter une fois à la coopérative pourrait en tenir lieu. Et on concevrait très bien qu'une coopérative ne fût pas plus exigeante, car la prospérité de cette sorte d'association dépend beaucoup plus du nombre des associés que du capital apporté par eux.

Une loi interviendrait sur notre matière qu'elle serait attentatoire à la liberté des conventions, si elle défendait aux coopératives d'admettre des apports inférieurs à une somme qu'elle arbitrerait. D'ailleurs, ne serait-il pas monstrueusement injuste et illogique d'imposer au malheureux, qui veut économiser quelques sous sur le pain qu'il achète chaque jour, d'attendre à avoir 50 francs ou même seulement 5 francs par devers lui, quand il a déjà tant de peine à ne pas s'endetter. C'est l'exception, dira-t-on, que les gens qui ne peuvent économiser 5 francs. En tous cas, c'est une exception qui n'est malheureusement pas rare.

Il faut rendre cette justice aux lois étrangères, qui se sont occupées spécialement des coopératives, qu'elles ne fixent pas de minimum à l'apport. Le projet français n'avait pas été si bien inspiré, sans doute encore par suite de la confusion traditionnelle entre la coopérative et les sociétés.

Du reste, il y a un procédé très employé qui permet de fixer l'apport à un chiffre relativement élevé, à 50 fr. par exemple, tout en n'exigeant de l'associé qui entre qu'une fraction minime de cette somme, soit 1 ou 2 fr. : à cette fin on décompose l'apport en deux fractions, l'apport effectué et le reliquat que l'associé s'engage à payer à la coopérative et dont il s'acquittera ou par des versements successifs ou le plus souvent par des retenues sur les trop-perçus, qui devraient lui être remboursés. La créance de la coopérative contre l'associé fait partie de son patrimoine et, comme tous les éléments de ce patrimoine il est le gage commun de ses créanciers. Ceux-ci pourraient par l'action indirecte en poursuivre le recouvrement (art. 1166).

Enfin on peut rendre l'apport moins lourd sans en changer le montant. Certains statuts attribuent, en effet, un intérêt à l'apport, de sorte que celui-ci, au lieu d'être fait comme nous l'avons supposé jusqu'à présent en toute propriété, n'est *qu'un prêt fait à titre d'apport*. Ce genre d'apport, outre qu'il est plus léger, présente certains avantages : c'est d'abord de faire une différence entre l'apport réalisé et l'apport dû, puisqu'on n'attribuera d'intérêt qu'au premier. Ensuite, grâce à lui, on ne peut plus reprocher à l'associé qui use largement de son droit d'acheter, de *bénéficier* des apports faits par ceux qui n'en usent pas, puisqu'ils trouveront toujours une compensation dans l'intérêt de leur argent. Nous verrons les caractères spéciaux de cet apport, lorsque nous parlerons des emprunts faits par la coopérative.

L'apport, comme nous le savons, est la contre-partie des droits de l'associé dans la coopérative. Le principal de ces droits, les autres n'en étant que les accessoires,

c'est la faculté d'acheter à son gré au magasin coopératif.
Ce droit est *entier* et par conséquent *égal* pour tous les
associés, sans qu'il y ait, comme dans la société, à le
proportionner aux apports. Il est donc logique que tous
les associés fassent un apport égal. C'est une règle naturelle de la coopérative que *les apports de tous les associés
soient égaux.* On ne voit pas pourquoi, pour jouir des
mêmes avantages, l'un apporterait 10 fr. et l'autre 500 fr.
Dans certaines coopératives, il semblerait cependant qu'on
rencontre cette anomalie. Mais elle n'y est qu'apparente.
Ces coopératives, en effet, sont de celles qui, suivant le
procédé indiqué tout à l'heure, admettent un simple prêt
à titre d'apport. Dès lors il n'y a rien d'anormal à ce que
les sommes fournies par chacun soient inégales, du moment que ce prêt procure à celui qui l'a fait un émo-
lument proportionnel à son importance. Nous verrons
s'il n'y a pas lieu, en cas de mauvaises affaires de l'association, de traiter différemment l'apport minimum, exigé
de tous les associés, et l'apport supplémentaire, fourni
à titre de prêt par quelques-uns seulement.

De tout ceci, résulte que l'apport exigé des coopérateurs
*peut être très faible* et que la règle est qu'il soit *égal*
pour chacun d'eux. Ajoutons à cela que, tant que le capital
n'est pas réduit au minimum indiqué dans la publicité
(art. 58 de la loi de 1867), le coopérateur peut reprendre
son apport en se retirant de l'association, puisque celle-ci
est à capital variable ; et nous apercevrons alors que les
apports des associés, qui ont une importance considérable
comme élément de patrimoine dans les sociétés, peuvent
en avoir une beaucoup moindre dans les coopératives.

## § 2. — Prélèvements sur les trop-perçus.

Les sociétés anonymes par actions sont astreintes en vertu de l'article 36 de la loi de 1867 à prélever le vingtième au moins de leurs bénéfices nets, pour constituer un fonds de réserve, jusqu'à ce que ce fonds de réserve ait atteint le dixième du capital.

Il n'y a pas pour l'association coopérative d'obligation analogue. Cependant elle agira prudemment, en prélevant une partie des trop-perçus pour en former un capital de réserve et augmenter ainsi son fonds de roulement. D'autant plus que, comme nous venons de le voir, son capital-apport peut être minime et se trouver réduit brusquement par la retraite d'un certain nombre d'associés.

La formation du fonds de réserve dans la coopérative aura une origine tout autre que dans les sociétés. Tandis que dans ces dernières, le fonds de réserve est formé de prélèvements sur les bénéfices, ici ce sera de prélèvements sur les trop-perçus. *On restituera* par conséquent aux associés *moins* qu'on devrait leur restituer. Aussi le fonds de réserve n'est-il légitime que s'il est prévu par les statuts. Ce prélèvement est une sorte d'apport supplémentaire que les statuts imposent aux associés. Mais ce nouvel apport a ceci de particulier, qu'il correspond à l'importance des achats faits par l'associé : chacun apporte dans la mesure dont il se sert de la coopérative. Rien de plus légitime, en somme. Si des pertes sont éprouvées par la coopérative, elles pèseront plus sur ceux qui ont beaucoup acheté, ce qui est aussi très normal. Car on peut faire rentrer ces pertes dans les frais généraux et les frais généraux doivent être payés sur les trop-perçus, proportionnellement aux achats.

La coopérative, au lieu de constituer un fonds de réserve général qui s'augmente indéfiniment, peut décider qu'il sera formé pour chaque membre un fonds de réserve distinct qui peut être illimité ou fixé à un certain chiffre par les statuts[1]. Ce chiffre, une fois atteint, les trop-perçus ne feront plus l'objet de prélèvements.

Mais la façon de faire la plus ordinaire, c'est-à-dire la constitution d'un fonds de réserve qui s'augmente sans discontinuer, est certainement plus avantageuse, quand la coopérative a besoin de capitaux.

Nous verrons plus loin qu'en cas de dissolution de la coopérative ou de départ de l'un de ses membres, il se pose une question intéressante sur l'attribution du fonds de réserve. La solution que nous en donnerons sera toute différente de celle admise pour les sociétés, et l'origine spéciale du fonds de réserve coopératif en sera la raison.

### § 3. — Emprunts.

La personne juridique que constitue la coopérative a le droit de se livrer comme toute autre, aux actes nécessaires à son fonctionnement. Au nombre de ces actes se trouve l'emprunt qui lui permettra, lorsque son capital-apports et sa réserve seront insuffisants, de faire face, momentanément au moins, à ses besoins d'argent.

Les sommes que la coopérative aura besoin d'emprunter seront relativement peu considérables d'habitude, de

---

1. Voyez les articles 10 et 130 des statuts de la « *Moissonneuse* » : il est constitué un fonds de réserve de 10 francs pour chaque associé.

sorte qu'une seule personne ou quelques-unes pourront les lui fournir. Si au contraire l'emprunt doit être assez élevé, la coopérative devra recourir à l'émission d'obligations, comme ont coutume de le faire les sociétés commerciales, les établissements publics et l'État lui-même. La coopérative divisera le capital à emprunter en un certain nombre de parts égales, qu'elle invitera à souscrire le public en général ou les seuls associés. Cette émission d'obligations est un emprunt comme un autre et en principe il est absolument libre. Seule l'émission d'obligations à lots est interdite comme constituant une loterie (loi du 21 Mai 1836). Il faudrait une loi pour autoriser la coopérative à faire une émission de ce genre. Dans tous les cas, l'intérêt attribué ne pourra excéder 5°/o, puisqu'il s'agit d'opérations civiles[1].

La coopérative suit donc le droit commun pour les emprunts qu'elle peut contracter.

Une combinaison particulière à certaines coopératives mérite cependant qu'on s'y arrête, et est d'autant plus intéressante qu'elle contient un prêt sans en avoir l'apparence. C'est elle que nous avons signalée déjà au sujet des apports que font les associés ; *ces apports consistent quelquefois en de simples prêts*. De là, pour eux un double caractère. Non pas que nous pensions que l'apport doive être considéré comme un prêt pour cela seul qu'il est restituable par la retraite de l'associé. Car il n'est restituable, que lorsque le contrat d'association est rompu entre le coopérateur et la coopérative, ce qui entraîne la liquidation des droits de l'associé sortant. Mais où, selon nous, les caractères d'un prêt apparaîtront, c'est quand

---

1. Loi du 3 septembre 1807.

les apports des associés seront productifs d'intérêts. Il n'est pas rare en effet de voir stipulé dans les statuts d'une coopérative que les apports produiront un intérêt de 5 %. Dès lors que l'associé n'apporte son argent que moyennant un intérêt annuel, et que le capital est remboursable, *il loue son argent* à la coopérative, il le lui *prête*.

C'est grâce à ce double caractère d'apport et de prêt que nous avons expliqué comment, dans la coopérative, où les associés ont exactement des droits égaux, il peut arriver que certains fassent des apports plus considérables que les autres.

Mais laquelle de ces deux qualités d'associé ou de prêteur devra l'emporter sur l'autre ? *A l'égard des tiers* la règle générale c'est que l'associé doit être uniquement considéré comme ayant fait son apport *à titre d'associé*. Et, en effet, il y a apport et les apports quels qu'ils soient font partie du patrimoine de la coopérative et du gage de ses créanciers. Il n'en serait pas de même si c'était un prêt dégagé de tout caractère d'apport qui ait été fait par l'associé, et si les tiers n'avaient pas pu se méprendre sur la nature de ce prêt. C'est ainsi qu'en cas d'émission d'obligations s'adressant au public, on ne saurait décider que les associés qui sont obligataires n'auront pas les mêmes droits que les tiers obligataires. Nous croyons qu'il en serait de même si l'émission ne s'adressant qu'aux associés, le prêt fait par eux ne se confondait pas avec leur apport.

Mais, *dans les relations entre associés*, il n'y aurait aucune raison de faire exception à la règle de l'égalité des apports, et par conséquent en cas de mauvaises affaires de la coopérative, si certains associés avaient fait un prêt à l'association sous forme d'apport complémentaire ou autrement, ils devraient passer, pour le remboursement de ce prêt, avant toute répartition de l'actif entre les associés.

L'emprunt, comme on voit, a dans la coopérative une place souvent fort importante, soit qu'il se mélange aux apports, soit qu'il supplée à l'insuffisance du capital naissant. Il est à remarquer d'ailleurs que s'il grève la coopérative de la charge d'intérêts à servir, il lui fournit un capital plus stable que les apports : le prêteur ne peut réclamer son remboursement qu'à la date fixée par le contrat ; le coopérateur en se retirant peut, au contraire, reprendre son apport à tout moment.


## § 4. — Libéralités.


Tandis que les apports, les prélèvements sur les trop-perçus et l'emprunt sont des modes normaux de constitution du capital coopératif, les libéralités auront un caractère tout à fait accidentel. Les exemples de donations et de legs faits à des coopératives ne se rencontreront sans doute pas fréquemment. Cependant on les conçoit. Ne serait-il pas très naturel qu'un coopérateur très attaché à son association et à ses camarades de la coopérative léguât à l'association sa part coopérative ?

Mais d'abord la coopérative peut-elle recevoir à titre gratuit ?

« Toutes personnes, dit l'article 902 du Code civil, peuvent.... recevoir, soit par donation entre vifs, soit par testament, excepté celles que la loi en déclare incapables. » La coopérative est une personne et comme

« toutes personnes » elle est capable de recevoir à titre gratuit puisqu'aucune incapacité n'est prononcée contre elle par la loi. Elle n'est pas non plus soumise à l'autorisation d'un décret pour accepter les libéralités comme le sont les établissements d'utilité publique, car la nécessité d'une autorisation est, elle aussi, exceptionnelle. Il est bien vrai que certaines associations sont des établissements d'utilité publique, mais l'association coopérative n'est pas dans ce cas[1]. Un des caractères essentiels de l'établissement public c'est que ceux qui profitent de son patrimoine n'ont aucun droit sur lui[2]; tel n'est pas le cas de nos associations.

La capacité de la coopérative de recevoir des libéralités est donc complète.

A ces quatre éléments principaux de formation du capital coopératif on pourrait ajouter certaines ressources qui ont un caractère secondaire. Tels sont les revenus de valeurs mobilières ou d'immeubles appartenant à l'association, le produit de la vente des résidus et d'une façon générale toute cause quelconque d'enrichissement pourvu que la loi et les statuts soient respectés.

Ces divers capitaux entrent généralement dans le patrimoine coopératif sous forme de numéraire. Mais il va sans dire que selon les besoins ils recevront telle et telle affectation. Ils apparaîtront tantôt comme fonds en caisse,

---

1. On pourrait concevoir cependant que la coopérative adoptât la forme d'un établissement d'utilité publique. Mais cette forme nous paraît moins appropriée que celle de l'association aux coopérateurs dont le but est intéressé bien qu'il ne consiste pas en bénéfices. On ne trouve d'ailleurs aucun exemple de coopératives ayant adopté cette forme.

2. DUCROCQ, *Droit administratif*, t. II, n. 1337.

fonds déposés en compte courant, tantôt sous la forme
de valeurs de portefeuille, et le plus souvent sous celle
de marchandises, de matériel, de magasins, d'ateliers.
En somme, la coopérative emploiera ses fonds comme bon
lui semblera, au mieux de ses intérêts.

# CHAPITRE VI

## Des Droits d'associé.

**I. La Part coopérative. — II. Les Adhérents.**

---

### § I. — La Part coopérative.

L'acquisition de la qualité d'associé concède un certain nombre de droits dans la coopérative. C'est l'ensemble de ces droits que nous appellerons la *part coopérative*.

Le droit par excellence de l'associé, c'est de pouvoir user des avantages que poursuit la coopérative pour ses membres. Il s'y joint les droits accessoires d'administration et de participation au partage du fonds commun en cas de dissolution. Certaines coopératives ajoutent un intérêt *fixe* attribué aux apports. Quant au droit à la restitution des trop-perçus, ce n'est pas un droit distinct de celui d'acheter à la coopérative, puisqu'il n'est que la fixation définitive du prix de revient de la marchandise[1].

On appelle souvent du nom *d'action* l'ensemble de ces

---

1. Étant donné ce caractère de restitution qui se trouve dans l'attribution des bonis, il faut que la majoration que l'on fait subir à toutes les marchandises soit de même quotité, en tenant compte cependant de différences dans les frais généraux qui peuvent ne pas être les mêmes pour toutes.

droits du coopérateur. Il importe cependant de ne pas confondre notre *part coopérative* avec l'action des sociétés anonymes. Sans doute il y a des points de ressemblance entre l'une et l'autre. L'apport, qui est pour ainsi dire la cause de ces droits, pour la part coopérative comme pour l'action, est *d'une quotité fixe* ; *la responsabilité* des associés dans la coopérative comme dans la société anonyme est *limitée* à cet apport ; enfin, mais cela n'est plus particulier ni à l'action, ni à la part coopérative, l'apport concède à l'associé des droits dans l'administration et éventuellement dans le partage du fonds commun.

Cependant on ne peut assimiler la part coopérative à l'action. En effet, le droit principal de l'actionnaire est très différent de celui du coopérateur : tandis que le droit de *l'actionnaire* est de réclamer à la société la quote-part qui lui revient dans les bénéfices, c'est-à-dire consiste en un *droit de créance d'une somme d'argent*, le droit du *coopérateur* se résume en une simple *faculté de faire* : c'est généralement le droit d'acheter à prix coûtant dans les magasins de la coopérative. Il y a donc entre l'action et la part coopérative une différence dans la nature de l'objet du droit. Et, tandis qu'on peut avoir plusieurs droits de créance de sommes d'argent que l'on peut *ajouter* les uns aux autres et que par conséquent *l'actionnaire pourra avoir plusieurs actions,* la faculté d'acheter, au contraire, comme elle est illimitée pour le coopérateur, ne peut être augmentée ; il ne peut avoir plusieurs fois cette faculté, c'est-à-dire que le *coopérateur n'a jamais qu'une seule part.* Nous avons déjà expliqué qu'il n'y a à cette règle que des exceptions apparentes, qui cachent des prêts faits par les associés.

Quant à la répartition des bonis. en laquelle on a quelquefois voulu voir une distribution de dividendes,

outre qu'elle a une nature particulière, celle d'une restitution, elle a une tout autre base que la distribution de
dividendes. Le montant des bonis attribués à chacun est
fixé non d'après le capital apporté, mais proportionnellement aux achats. Ce serait certes une répartition de bénéfices bien bizarre que celle qui se ferait entre des associés ayant fait même apport et à qui l'on attribuerait à
l'un 500 francs et à l'autre 1 franc. C'est ce qui arrivera
cependant dans la coopérative, si les trop-perçus étant
de 10 %, l'un a acheté pour 5000 fr. de marchandises
dans l'année, tandis que l'autre n'en a acheté que pour
10 francs.

Enfin il y a entre l'action et la part coopérative une
différence très importante en ce qui concerne la *cessibilité.*

L'action étant un droit de créance, peut se céder
comme toute créance, et, grâce à sa forme, elle est
d'une cessibilité beaucoup plus facile que les créances
ordinaires, puisque ses modes de transmission sont la
simple tradition, quand le titre est au porteur, et le
transfert sur les registres de la société, quand il est nomi-
natif. Le droit de co-propriété éventuelle sur le fonds
social étant cédé accessoirement.

Le droit d'user des avantages de la coopérative est,
sans nul doute, un droit estimable en argent, dont on
peut concevoir la cession, car il n'est pas attaché à la
personne : il peut en général être exercé par n'importe
qui, car tout le monde peut avoir besoin d'acheter. Pourtant la considération de la personne n'est pas tout à fait
indifférente dans la coopérative, et cela en raison d'un
danger qui lui est spécial. Souvent la coopérative a des
adversaires acharnés, surtout en la personne de certains

commerçants, il importe pour elle de ne pas introduire ces adversaires dans son sein. Si donc on admet la cession des droits du coopérateur, on devra la soumettre à l'agrément de l'assemblée générale ou du conseil d'administration.

A première vue cette cession paraît tout à fait inutile, puisque l'associé qui veut se retirer n'a qu'à réclamer la liquidation de ses droits, et qu'un nouveau membre peut toujours être admis dans la coopérative sans prendre la place de personne. La cession a sa raison d'être, cependant, si, comme il arrive d'ordinaire, les statuts ne permettent pas à l'associé sortant de faire valoir ses droits sur le fonds de réserve. En ce cas, si cet associé a fait des achats considérables depuis son entrée dans la coopérative, ses droits éventuels sur le fonds de réserve étant, comme nous le verrons, proportionnels à ces achats[1], ont une valeur qu'il peut vouloir très légitimement réaliser en cédant à quelqu'un ses droits dans la coopérative. Mais si la cession présente de l'utilité, il apparaît en même temps une nouvelle raison de la soumettre à l'assentiment de la coopérative. Il faut éviter qu'elle soit consentie à un simple spéculateur, qui poursuivant uniquement la réalisation du bénéfice de son marché, chercherait à provoquer la dissolution de la coopérative.

Quelquefois, pour marquer l'opposition naturelle des caractères de l'action et de ceux de la part coopérative, on a donné à celle-ci le nom de part d'intérêt. Mais cette dénomination lui convient presque aussi mal, attendu que la seule différence qui existe entre l'action et la part d'intérêts est une différence de cessibilité[2], tandis qu'il y en a

1. V. p. 83.
2. LYON-CAEN et RENAULT, n. 178.

d'autres et de plus importantes, qui nous ont fait opposer l'action à la part coopérative.

De tout ceci on peut conclure qu'il n'y a entre la part coopérative et l'action que des ressemblances apparentes. Elles ont chacune des caractères bien distincts. Par conséquent, nous avions raison de dire, comme nous le faisions plus haut, que les règles restrictives, que trace la loi de 1867 spécialement *pour les actions*, ne doivent pas s'appliquer aux parts coopératives.

### § 2. — Les adhérents.

Certaines coopératives, en dehors de leurs associés proprement dits, accordent la faculté de s'approvisionner dans leurs magasins à une catégorie de personnes désignées communément sous le nom d' « adhérents. »

Qu'est-ce donc que les adhérents? Les coopératives répondent : ce sont des coopérateurs stagiaires. Souvent, en effet, l'adhérent est un futur associé, mais non pas toujours : en tout cas, on l'admet immédiatement moyennant un léger droit d'entrée, à acheter à la coopérative dans les mêmes conditions qu'un associé; on lui restitue comme à celui-ci les trop-perçus sur ses achats. Mais rien de plus, il ne peut s'immiscer dans l'administration et n'a aucun droit éventuel sur le fonds de réserve. On n'aperçoit pas bien le caractère juridique d'un tel personnage, qui d'après la coopérative ne serait ni un associé, ni un tiers. Et cependant il ne peut être que l'un ou l'autre. Car relativement à un contrat on est partie ou on est un tiers, il n'y a pas de troisième alternative possible. Il sera donc ou un associé ou un tiers par rapport au

contrat d'association : suivant les statuts, ou bien il pré-
sentera suffisamment les caractères d'un associé et on
devra le traiter comme tel, ou bien ces caractères feront
défaut et on devra voir en lui *un tiers, lié à la coopérative par un contrat autre que l'association.*

Pour que l'adhérent puisse être traité comme un
associé, il faut d'abord qu'il *résulte de son « adhésion »*
l'intention certaine de sa part d'entrer dans la coopérative, et qu'il résulte aussi de la part de celle-ci qu'*en
l'admettant*, elle l'accepte comme associé dès maintenant,
sauf à lui imposer des conditions spéciales qui lui valent
le nom d'adhérent. Cette double condition serait remplie
dans la coopérative, où l'adhérent devient de plein droit
associé[1], quand ses bonis accumulés représentent le
montant d'un apport complet. Mais l'adhérent n'est qu'un
tiers, si, pour jouir de tous les droits de l'associé, il est
obligé, lorsqu'il a complété son apport, d'être admis par
le Conseil d'administration ou l'Assemblée générale. Car,
jusque-là, l'intention de la coopérative d'en faire un
associé n'est pas démontrée.

En outre, pour qu'on puisse considérer l'adhérent
comme un associé, il faut qu'il ait fait un apport et
qu'on lui reconnaisse un droit éventuel sur le fonds de
réserve.

Mais ces conditions suffisent et il ne faudrait pas voir
un tiers dans l'adhérent, de ce seul fait qu'il n'aurait pas
le droit de participer à la gestion des affaires communes. Nous croyons que l'adhérent peut être un associé
sans être admis à voter dans les assemblées générales.
Cette exclusion est une mesure qui résulte des conven-

1. Voyez les statuts de la *Moissonneuse*, art. 16.

tions acceptées par l'adhérent, et qui, ne touchant pas à un droit essentiel de l'associé, se justifie très bien vis-à-vis des nouveaux venus. Ceux-ci ne présentent comme garantie d'attachement à la coopérative que le versement d'une somme insignifiante ; on ne veut pas que, moyennant un si faible sacrifice, un individu qui peut être hostile à l'association soit admis du jour au lendemain à venir· jeter le trouble dans les assemblées. Enfin, une certaine pratique de la coopération est utile pour participer à l'administration. D'ailleurs, cette exclusion n'est que provisoire. Mais il est toujours désirable, nécessaire même, que l'intéressé ait un *moyen de contrôle* sur la gestion. Il doit, à cet effet, pouvoir *assister* à l'assemblée ou y être représenté.

Les adhérents ne constituent donc pas une catégorie de personnes ayant des caractères juridiques distincts.

Ajoutons qu'ils n'ont aucune raison d'être. Les adhérents ont été la création de coopératives qui se croyaient à tort soumises, comme « sociétés par actions », au minimum de 50 francs ou à celui de 25 francs imposé aux actions par les lois de 1867 et de 1893. Sans doute, sur la prétendue « action » de 50 francs, le versement d'un dixième, soit 5 francs, suffisait aux termes de la loi de 1867. Mais même ainsi réduit, l'apport paraissait encore trop lourd à beaucoup de gens : si on ne payait que 5 francs lors de son entrée, il fallait, croyait-on, s'engager à payer encore 45 francs, c'est-à-dire les neuf autres dixièmes de l'action. Ces coopératives estimèrent qu'elles étaient obligées de *tourner* la loi pour pouvoir recruter un personnel nombreux qui leur était nécessaire pour prospérer, et elles admirent des « adhérents ». Nous avons déjà montré que la loi n'avait pas besoin d'être tournée, puisque le minimum d'apport imposé aux sociétés par actions n'est pas applicable aux coopératives. Les adhérents sont tout à fait inutiles, puisque la coopérative *peut admettre des associés* avec des apports aussi minimes qu'un droit d'entrée exigé d'un adhérent.

# CHAPITRE VII

## Administration.

Sur ce terrain, la coopérative anonyme se rencontrera très généralement avec la société anonyme. Car ici il s'agit de l'organisation des moyens à employer pour atteindre le but, et, si le but final est différent dans l'une et dans l'autre, nous savons que les moyens pour l'atteindre sont tout à fait semblables. Il faut, pour elles deux, un système d'administration qui réponde aux mêmes besoins : qu'il permette des *opérations multiples* et complexes, une *gestion facile* d'un capital parfois énorme, tout *en tenant compte* des droits d'un grand nombre d'associés.

Pas plus que la société anonyme, la coopérative ne saurait admettre, par exemple, que comme dans la société civile, chaque associé pût administrer au nom des autres et que l'opposition d'un seul entravât la marche des affaires communes (Code civ. art. 1859, 1º).

Les mêmes règles d'administration convenant à la coopérative comme à la société anonyme, dans le silence ou le doute des statuts d'une coopérative, on devrait se référer aux règles de la société anonyme. Mais généralement, les statuts s'expliquent assez longuement sur la gestion de la coopérative.

Il y aura donc pour nous peu de choses à dire sur cette matière, qui est presque toute formée d'emprunts à des règles parfaitement connues.

Le principe qui dominera l'administration coopérative ce sera la toute-puissance de la majorité devant laquelle doit s'incliner la minorité, dont l'avis est négligé. C'est le même principe que dans la société anonyme. Cependant l'application de ce principe sera un peu différente : tandis que dans la société on tient compte du capital apporté par chacun et qu'il peut être donné plusieurs voix à un seul, dans la coopérative, au contraire, les droits des associés sont naturellement égaux et le vote de chacun aura exactement la même valeur, alors même que, contrairement à la règle naturelle, les apports seraient inégaux. En effet, les intérêts de tous les coopérateurs sont exactement les mêmes, et d'autre part, pour la coopérative le capital ne joue qu'un rôle secondaire : sa prospérité dépend surtout du nombre de ses associés, qui s'accroissant de plus en plus augmente ses affaires et lui donne par là même plus de vitalité.

Sans doute, dans quelques coopératives on n'admet pas immédiatement les nouveaux associés à participer à l'administration. Mais ce n'est là qu'une mesure temporaire et elle ne rompt pas vraiment l'égalité entre les coopérateurs, car elle est imposée à *tout nouvel* associé.

Les volontés de la majorité se manifestent dans l'assemblée générale des associés. Mais cette assemblée ne saurait pour bien des raisons administrer elle-même. Aussi délègue-t-elle une partie de ses pouvoirs à un conseil d'administration et souvent aussi à un directeur ou gérant. L'Assemblée générale, le conseil d'administration et le directeur sont les trois organes ordinaires par lesquels se manifeste la vie juridique de la coopérative. Quelquefois à côté des administrateurs se trouvent aussi des commissaires de surveillance.

### § 1. — Assemblée générale.

Son nom l'indique, c'est la *réunion de tous les associés*.

Comme nous l'avons dit, ce sont les mêmes règles que dans les sociétés anonymes qui s'appliquent. Nous n'allons faire que mentionner les principales, en faisant observer qu'*elles ne s'imposent en rien* aux coopératives et que par conséquent les statuts pourraient y déroger.

Les assemblées générales peuvent être ordinaires ou extraordinaires. Les premières se tiennent au moins une fois l'an, à l'époque fixée par les statuts (art. 27 de la loi de 1867) : elles reçoivent les comptes des administrateurs et les approuvent ou non. Pour délibérer valablement, elles devront comprendre le quart au moins du nombre total des associés. Si l'assemblée générale ne réunissait pas ce nombre une nouvelle assemblée devrait être convoquée, qui délibérerait valablement quelle que soit sa composition.

L'assemblée générale *extraordinaire* est celle qui est réunie pour modifier les statuts; elle devrait comprendre le nombre des associés exigés par les statuts eux-mêmes pour qu'une assemblée générale ait un tel pouvoir, sans quoi il semble que l'unanimité des membres devait être exigée. C'est l'application des principes généraux : il faut l'accord de toutes les personnes qui ont été parties à un contrat pour modifier ce contrat.

Les attributions les plus ordinaires de l'assemblée générale, c'est la nomination des administrateurs, la vérification et l'approbation de leurs comptes et l'autorisation qu'elle leur donne pour les habiliter à faire certains actes graves qu'ils n'auraient pas la capacité de faire de leur seule autorité.

L'assemblée générale, c'est le pouvoir souverain. C'est d'elle qu'émane tout autre pouvoir.

### § 2. — Administrateurs et Gérant.

L'assemblée générale délègue une partie de ses pouvoirs à un ou plusieurs administrateurs, généralement à plusieurs. Dans ce cas, la réunion de ces administrateurs constitue le Conseil d'administration.

De même que l'assemblée générale nomme les administrateurs, elle peut les révoquer à son gré, ainsi que tout mandant peut révoquer son mandataire (Code civ., art. 2004). Elle aurait ce même pouvoir de révocation, si ces administrateurs avaient été nommés par les statuts. Dans ce cas, et comme pour les sociétés anonymes, le personnel des associés pouvant changer, on ne peut imposer des mandataires à ceux qui ne les ont pas choisis.

Les administrateurs sont nommés pour un temps limité que fixent les statuts.

Quand ils sont plusieurs, ils peuvent gérer ensemble ou à tour de rôle; plus généralement ils désignent l'un d'eux, le *président* du conseil d'administration, ou un autre, qu'on appelle encore *directeur* ou *gérant,* et qui est chargé des opérations courantes.

Les administrateurs et le gérant ont, à défaut de stipulation contraire des statuts, le pouvoir de faire tous les actes *ordinaires* de gestion et seulement ces actes. Pour les actes extraordinaires (aliénations, constitutions d'hypothèque) ils doivent se faire autoriser spécialement par l'assemblée générale pour pouvoir les accomplir. C'est l'application de la règle générale du mandat (Code civ., art. 1988).

Une de leurs attributions les plus importantes est de représenter la coopérative en justice. Rappelons-le, la loi de 1867 donne expressément ce pouvoir aux administrateurs des « sociétés à capital variable » (art. 53).

Comme tous les mandataires, en contractant en leur qualité d'administrateurs, ils obligeront la coopérative sans s'obliger eux-mêmes. Mais ils sont responsables envers la coopérative de la faute qu'ils commettent dans leur gestion ou d'une violation des statuts. Envers les tiers aussi, ils seraient responsables personnellement de leur faute dans les termes du droit commun (Code civ. art 1382).

### § 3. — Commissaires ou Conseil de surveillance.

Un service spécial de surveillance présente moins d'utilité que dans les sociétés en commandite et anonymes, pour lesquelles la loi l'exige. En effet, dans la coopérative, il s'agit en général d'opérations moins complexes que dans ces sociétés, et surtout les associés peuvent y connaître mieux les administrateurs qu'ils nomment, et avoir plus de confiance en eux. Aussi, bien des coopératives n'ont pas de contrôle spécialement organisé.

Les commissaires de surveillance sont nommés, cela va de soi, par l'assemblée générale.

Leur rôle est de vérifier de plus près et plus à loisir que ne pourrait le faire l'assemblée générale ou les associés eux-mêmes les comptes des administrateurs.

Telle est, dans ses grandes lignes, l'organisation administrative de la coopérative anonyme. Les statuts suivront généralement ces principes qui correspondent aux besoins ordinaires de notre association.

# CHAPITRE VIII

## Dissolution de l'Association coopérative.

———

L'association, comme la société, semble devoir naturellement se dissoudre par l'expiration du temps pour lequel elle a été contractée, par la mort de l'un des assocciés ou par la volonté de l'un d'eux de n'être plus en association. Cependant si ces différents modes de dissolution se conçoivent avec des effets égaux, lorsqu'il s'agit d'une association de quelques personnes, on ne saurait admettre, lorsqu'une association est aussi nombreuse que l'est généralement la coopérative, que son existence même soit menacée par la mort de l'un des associés ou par sa volonté plus ou moins fantaisiste au même titre que par l'expiration du temps fixé pour la durée de l'association. Cette dernière cause de dissolution s'impose, puisque c'est une loi de contrat, et elle ne présente aucun danger de surprise. Les deux autres, au contraire, qui peuvent d'ailleurs être rejetées dans une société quelconque, doivent l'être nécessairement dans la coopérative : leur fréquence serait telle, dans une association nombreuse comme l'est la coopérative qu'elle rendrait son existence impossible. C'est pour ce motif que l'article 54 de la loi de 1867 décide que la « société à capital variable » n'est pas dissoute par la mort ni par la retraite de l'un des associés.

Cependant, si la mort ou la retraite d'un associé laissent survivre la coopérative, elles ne sont pas sans aucunes conséquences juridiques et on peut dire très exactement qu'elles entraînent une dissolution partielle de l'association.

En effet, tandis que, dans les sociétés à capital fixe, telles que les sociétés anonymes ordinaires, on ne conçoit qu'une dissolution totale de la société, et quand la société se dissout elle se dissout forcément à l'égard de tous les sociétaires, dans la coopérative, au contraire, comme aussi dans toutes les sociétés à capital variable, on peut décomposer le contrat général en autant de contrats qu'il y a d'associés; la dissolution peut non seulement être totale et entraîner la liquidation des droits de tous les associés, mais elle peut n'être que partielle, c'est-à-dire n'avoir lieu qu'à l'égard de l'un d'eux et n'entraîner que la liquidation de ses droits, le contrat continuant à subsister entre les autres.

Quant à l'interdiction, à la déconfiture et à la faillite de l'un des associés, ce sont des causes de dissolution des sociétés, qu'il n'y a pas de raison d'étendre aux coopératives. Elles sont d'ailleurs rejetées par l'article 54.

## § 1. — DISSOLUTION TOTALE.

Les coopératives, comme les sociétés par actions, prennent fin, soit par l'expiration du temps fixé par les statuts, soit par la volonté *des* associés de dissoudre la coopérative. Cette volonté en principe devrait être celle de tous les associés, de tous les contractants, mais comme elle serait en fait impossible à obtenir, les statuts en général décident qu'une majorité exceptionnelle sera suffisante à cet effet.

Remarquons en passant que, de même que nous avons reconnu l'obligation pour l'association coopérative à capital variable de se soumettre à la publicité de la loi de 1867 pour sa constitution, de même il faut admettre que les *délibérations prononçant sa dissolution* devraient être soumises *à la publicité*, en vertu de l'article 61 de la même loi. Les tiers ont intérêt à connaître cette dissolution, qui entraîne la cessation des pouvoirs conférés aux administrateurs.

Deux situations bien distinctes peuvent se présenter en cas de dissolution de la coopérative : ou bien la coopérative disparaît en pleine prospérité, avec un excédent d'actif sur le passif, ou bien, ce qui est plus fréquent, la coopérative se dissout ayant un passif supérieur à son actif.

Nous supposerons d'abord que *l'actif est supérieur au passif*. Le désir de partager le capital a, par exemple, poussé les associés à rompre leur contrat. Le passif, une fois payé, il s'agira de répartir l'actif en excédent. Supposons cet actif de 110 000 francs, et les membres de l'association au nombre de 1 000. Que devra avoir chacun d'eux ? Ce capital de 110 000 francs comprend 10 000 francs de capital-apports formé par des cotisations de 10 francs exigées de chaque associé lors de son entrée ; le reste, soit 100 000 francs, constitue le fonds de réserve. Pour les 10 000 francs de capital-apports pas de difficulté : on restituera à chacun les 10 francs qu'il a fournis. Mais les 100 000 francs du fonds de réserve? Dans une société on les distribuerait proportionnellement au capital apporté par chacun, c'est-à-dire par parts viriles dans notre hypothèse, puisque les apports sont égaux ; chaque sociétaire aurait droit à 100 francs. A notre avis, ce serait méconnaître la nature de ce fonds de réserve que de le distribuer ainsi entre les membres d'une coopérative. Ce fonds de réserve *n'est pas*, comme dans les sociétés, *une partie des bénéfices* qu'on a prélevés, *c'est une partie des trop-perçus* qu'on n'a pas restitués à ceux qui y avaient naturellement droit. On doit, dans la coopérative comme dans la société, attribuer le fonds de réserve sur les mêmes bases que celles qu'on adopte pour attribuer les éléments dont il a été formé : dans la société, il a été formé aux dépens des bénéfices, comme les bénéfices il devra être réparti au prorata du capital ; dans la coopérative il a été formé aux dépens des trop-perçus, comme les trop-perçus il devra être réparti au prorata des achats. Ce n'est, dans un cas comme dans l'autre, qu'une sorte de restitution d'un prélèvement opéré. La part du fonds de réserve à laquelle a droit chaque coopérateur sera donc calculée en tenant compte de l'ensemble des achats faits par lui pendant toute la durée de la coopérative. La chose n'a rien que de très facile d'ailleurs ; les coopérateurs ayant toujours un compte particulier. Mais revenons à notre exemple. Il y a, disions-nous, 100 000 francs de fonds de réserve à distribuer. Cette somme a été formée, nous le supposerons, par des prélèvements de 1 °/₀ sur un ensemble d'achats qui s'est élevé, pour toute la durée de la coopérative, à 10 000 000 de francs. Soit maintenant deux coopérateurs : l'un, depuis vingt ans qu'il fait partie de la coopérative, a.acheté pour 20 000 francs de marchandises ; l'autre n'est entré à l'association qu'une année avant sa dissolution, et n'a fait que pour 1 000 francs d'achats. Le premier devra toucher 200 francs dans la répartition du fonds de réserve, le second, 10 francs. En effet, si la coopérative n'avait pas prélevé chaque année 1 °/₀ sur les achats, le premier coopérateur aurait touché 200 francs de trop-perçus de plus qu'il n'a touché, durant les vingt années de sa participation à la coopérative, et le second 10 francs de plus qu'il n'a eu, la seule fois qu'on lui a rendu des trop-perçus.

La question que nous venons de résoudre serait simplifiée si, comme il arrive dans quelques coopératives, il était formé un fonds de réserve spécial pour chaque associé[1].

Nous avons supposé que le fonds de réserve était formé seulement de trop-perçus. C'est en effet le cas le plus général. Cependant il peut se faire que d'autres éléments entrent dans sa composition ; une libéralité importante par exemple ou un lot échu à une obligation appartenant à une coopérative pourraient avoir grossi cette réserve. Pour cette partie du capital, il n'y aurait aucune raison de suivre la règle que nous avons indiquée pour les trop-perçus : elle devrait être partagée également entre les associés, puisqu'il n'y a ici aucune cause de préférence.

Prenons maintenant l'hypothèse plus pratique de la dissolution occasionnée par le mauvais état des affaires de l'association. Par suite de pertes survenues, le passif se trouve *supérieur à l'actif* : celui-ci par exemple est de 110 000 francs sur lesquels 10 000 de capital-apports, et

---

1. V. *La Moissonneuse*, art. 130 des statuts.

100 000 francs de réserve ; le passif est de 120 000 francs.
La coopérative se trouve donc en déconfiture. Mais elle
ne peut pas être déclarée en faillite, n'étant ni une société
commerciale, ni une société civile assimilée pour sa
forme aux sociétés commerciales. Les créanciers de la
coopérative seront donc payés au fur et à mesure qu'ils
se présenteront et les derniers arrivés ne toucheront rien.
Cet état de choses est sans doute fâcheux et un régime
de concours entre les créanciers, analogue à celui de la
faillite, serait préférable au désordre et aux inégalités
d'une déconfiture. Cependant l'inconvénient n'est pas
spécial aux coopératives. Les créanciers des sociétés civiles qui ne sont pas par actions se trouvent dans la même
situation et aussi les créanciers de tous les individus non
commerçants. Il y a là une question législative qui est
d'ordre général et non pas particulière aux coopératives[1].

Dans notre hypothèse, les créanciers absorberont tout
l'actif ; les derniers ne trouveront même plus rien dans
le patrimoine coopératif pour se faire payer. Pourront-ils
s'adresser aux associés eux-mêmes ? Non, avons-nous dit
précédemment, car la coopérative ayant une personnalité
distincte de celle de ses associés, ses créanciers ne sont
pas les leurs. A moins bien entendu que les statuts en
aient disposé autrement.

Entre les deux cas extrêmes, que nous venons d'étudier,
d'un actif de beaucoup supérieur au passif et d'un actif
inférieur au passif, une troisième hypothèse peut trouver
place : la coopérative se dissout parce que son capital s'est
réduit à une somme trop minime pour continuer ses opérations. Supposons son actif de 110 000 francs se décom-

---

1. Les législations suisse et allemande ne réservent pas le régime
du concours aux créanciers des seuls commerçants.

posant encore en 10 000 francs de capital-apports et 100 000 francs de fonds de réserve, tandis que son passif est de *105 000 francs*. Les créanciers exigent d'être payés immédiatement, il faut réaliser l'actif. Mais sur quoi les paiera-t-on? Doit-on faire supporter la charge des dettes d'abord au capital-apports, ou au fonds de réserve? C'est celui-ci qui devra être *le premier sacrifié*. En effet, ces pertes qu'a subies la coopérative ne sont en somme que des frais généraux imprévus, et n'est-ce pas précisément le rôle du fonds de réserve de parer à de pareilles éventualités? Il est vrai que ces pertes ont été peut-être occasionnées par des opérations autres que celles qui avaient donné lieu aux retenues sur les bonis, dont est composé le fonds de réserve. Mais l'ensemble des opérations coopératives forme un tout, dont les frais généraux doivent être supportés par chacun dans la mesure dont il a usé de l'association.

Les 5 000 francs d'actif qui resteront, une fois les dettes payées, seront distribués entre les 1 000 associés à raison de 5 francs chacun, si leurs apports sont égaux.

Mais s'ils sont inégaux, comme il arrive quelquefois? Nous avons déjà par ailleurs indiqué la réponse[1]. Les associés qui ont fait un apport supérieur à l'apport minimum exigé ont fait un véritable *prêt* à la coopérative et sont ses *créanciers*. Sans doute, à l'égard des tiers ils ne peuvent pas se prévaloir de cette qualité, car ce prêt se présente *sous la forme d'un apport* et est affecté au gage des créanciers coopératifs, mais à l'égard de leurs co-associés il n'y a aucune raison de les traiter plus mal que les autres et de leur faire subir une plus grosse

1. V. p. 62.

perte. Aussi, leur qualité de prêteurs réapparaissant, ils doivent être remboursés pour leur excédent d'apport avant toute autre répartition des apports proprement dits. L'associé qui aura fourni 500 francs quand l'apport minimum était de 10 francs, touchera d'abord 490 francs par préférence et il viendra ensuite pour 10 francs en concurrence avec tous les associés.

En résumé, lorsque la coopérative se dissout, *s'il y a excédent d'actif suffisant*, le capital-apports et le fonds de réserve sont répartis entre les associés, dans la proportion où ils ont contribué à les former; *s'il y a des dettes*, le capital entier de la coopérative en répond, mais elles doivent être payées d'abord sur le fonds de réserve, qui est destiné à y faire face comme à des frais généraux supplémentaires, et ensuite seulement sur les apports qui doivent supporter le fardeau de la dette par parts égales, quel que soit leur montant.

### § 2. Dissolution partielle.

La retraite d'un associé ne dissout pas la coopérative (arg. art. 54 de la loi de 1857). C'est exact en ce sens que le groupe, la personne morale continue à subsister et aussi le contrat d'association entre les autres associés. Mais n'y a-t-il absolument rien de changé? Le contrat d'association qui existait entre celui qui se retire et la coopérative est certainement rompu. Il y a dissolution partielle de la coopérative : par conséquent il devra y avoir liquidation partielle.

Observons en passant que cette retraite peut être volontaire ou forcée. Pour qu'il puisse y avoir des retraites volontaires, il suffit que l'association soit à capital variable dans les termes de l'article 48 de la loi de 1867, c'est-à-dire par augmentation et *diminution du capital-apport*. Ce sera la généralité des cas. On concevrait cependant que l'association fût à capital variable sans retraite possible, c'est-à-dire que le capital fût susceptible d'augmentation mais non pas de diminution[1].

Pour qu'il puisse y avoir retraite forcée il faut que les statuts aient permis l'exclusion d'un membre par décision de l'assemblée générale (art. 52 de la loi de 1867). Cette mesure est très grave et n'apparaît pas d'ailleurs comme absolument nécessaire pour les coopératives de consommation. Cependant les statuts reconnaissent généralement ce pouvoir à l'assemblée générale[2], en indiquant souvent les motifs qui peuvent donner lieu à l'exclusion. La décision de l'assemblée générale ayant son principe dans les conventions des parties ne pourrait être soumise à l'appréciation des tribunaux[3].

Il peut y avoir encore rupture partielle du contrat d'association, dans le cas de *mort d'un associé*.

Les droits de l'associé dans la coopérative présentent un certain caractère personnel : c'est pourquoi nous avons décidé que la part coopérative n'était cessible que sous certaines conditions. Il semble donc qu'ils ne sont pas transmis de plein droit aux héritiers et que ceux-ci ne pourraient prétendre qu'à la liquidation de la part de leur auteur (arg. art. 1122 du Code civ.). Mais d'ordinaire les statuts permettent à l'un des héritiers du coopé-

---

1. LYON-CAEN et RENAULT, *Manuel,* n° 324.
2. Le Titre « des Associations » dans le code fédéral suisse des obligations confère ce pouvoir d'exclusion au juge (art. 685).
3. LYON-CAEN et RENAULT, Traité 508, PONT, *op. cit.,* 1761.

rateur décédé de *continuer* le contrat d'association. Cependant ce n'est là qu'une offre faite par la coopérative ; il faut que l'héritier l'accepte pour que le contrat continue. Cet héritier n'est pas investi de plein droit de la qualité d'associé, comme l'héritier d'un actionnaire de société le serait de la qualité d'actionnaire. Par conséquent, s'il refuse de continuer le contrat, il y a rupture définitive de ce contrat et on devra la considérer comme résultant du décès de l'associé, c'est-à-dire comme forcée et comme remontant à *la date de ce décès.*

Rationnellement on devrait fixer les droits de l'associé qui cesse de faire partie de la coopérative, au jour même de la rupture du contrat. Mais cela nécessiterait des inventaires incessants et des comptes compliqués. Aussi les statuts adoptent-ils pour bases de ces liquidations partielles soit l'inventaire qui a précédé la sortie de l'associé, soit l'inventaire qui la suivra. La fixation d'après le premier de ces inventaires présente l'avantage de permettre une liquidation immédiate. Cependant il est préférable de s'en rapporter à l'inventaire qui suit le départ de l'associé, car il constate la situation de la coopérative après *toutes* les opérations auxquelles a pris part l'associé sortant. Quelquefois, faisant une distinction, on se réfère à ce dernier inventaire, quand il s'agit de retraite volontaire, et à celui de l'exercice précédent, quand il s'agit de retraite forcée : on peut craindre, dit-on, que pour se soustraire à l'effet de pertes importantes subies par la coopérative, les associés se retirent en masse s'ils peuvent faire fixer leurs droits à une époque antérieure à ces pertes ; tandis qu'un pareil calcul ne pouvant avoir lieu de la part de l'associé exclu, il est assez naturel, puisqu'il s'en va contre son gré, qu'on lui donne immédiatement ce à quoi il a droit.

Mais sur quoi porteront les droits de l'associé sortant ou de ses héritiers?

La convention est certainement souveraine à cet égard. Souvent, pour ne pas entamer le capital de réserve, les statuts n'attribueront au sortant que son apport proprement dit, c'est-à-dire une somme fixe. Dans ce cas, l'utilité d'un inventaire n'apparaît que pour constater que le capital-apports n'est pas entamé. S'il ressortait de l'inventaire que ce capital-apports est entamé, il y aurait lieu, en effet, de réduire la somme à rembourser.

En l'absence de dispositions spéciales des statuts, il serait logique, croyons-nous, de régler les droits de l'associé comme en cas de dissolution générale, c'est-à-dire de lui restituer son apport et de lui donner en outre une part sur le capital de réserve[1], calculée d'après le montant total de ses achats. Il nous semblerait injuste, en effet, que cet associé fût privé de sa part dans un capital qu'il a contribué à former et que cette part allât accroître celle de ses co-associés, qui n'ont rien fait pour l'acquérir. Cette sorte de gain, qui serait ainsi réalisé, se conçoit mal dans une association, où l'on se défend de se livrer à aucune spéculation.

C'est pourquoi, si nous admettons comme légitime la disposition des statuts qui limite *momentanément* la revendication de l'associé sortant à l'apport qu'il a fait, nous croyons que pour rester dans l'esprit de notre coopération, les statuts qui contiennent cette limitation doivent reconnaître que cet associé garde un droit éventuel sur

---

1. En ce sens BÉDARRIDE, n. 574. — Contrà, PONT, n. 1762.

le fonds de réserve. Ce droit éventuel, il l'exercera lors de la dissolution générale ; il ne sera plus associé, mais il restera créancier éventuel de la coopérative.

Malgré la variabilité du capital, celui-ci ne pourra jamais être réduit d'une façon inquiétante, soit pour l'association, soit pour ses créanciers. En effet, d'abord dans les statuts se trouve d'ordinaire la clause que nous indiquions tout à l'heure, qui limite les reprises des associés sortants à l'apport qu'ils ont fait ; le fonds de réserve reste ainsi intact et il est souvent considérable. D'autre part, en vertu de l'article 58 de la loi de 1867, la coopérative doit fixer un minimum à son capital-apports : une fois le capital réduit à ce minimum, les retraites deviendront impossibles.

L'associé sortant reste pendant cinq ans tenu sur son apport envers les associés et envers les tiers de toutes les obligations existant lors de sa sortie. D'après le droit commun, toutes les actions se prescrivent par 30 ans (Code civ., art. 2265) : c'est par une faveur de la loi de 1867 (art. 52) que la prescription des actions contre notre associé est limitée à cinq ans.

# CHAPITRE IX

## Régime fiscal.

---

Il doit être bien entendu, en entamant cette matière, que nous parlerons uniquement de la coopérative que nous avons prise pour type, c'est-à-dire de celle qui n'est *qu'une simple association.*

Quant aux *sociétés de spéculation,* qui se disent coopératives parce qu'elles mêlent au caractère commercial un certain caractère coopératif, nous considérons qu'il y a lieu de les traiter au point de vue fiscal *comme des sociétés commerciales ordinaires*[1].

A quels impôts est donc soumise une coopérative *qui ne vend qu'à ses associés* et *n'attribue de bénéfices à personne?*

Ainsi que toute personne réelle ou fictive, la coopérative, à l'occasion des biens qui composent son patrimoine, est assujettie au paiement des impôts qui frappent ces biens en dehors de toute considération de personnes. Elle paiera comme contributions directes, l'impôt foncier, l'impôt des portes et fenêtres, la contribution mobilière,

1. V. p. 43.

la taxe des chevaux et voitures ; comme contributions indirectes les droits d'enregistrement sur les actes qu'elle passe, les droits sur les boissons, de circulation et d'entrée, les droits de douane, de timbre-quittance, etc...

Mais indépendamment de ces impôts communs à tous, l'Administration a prétendu lui faire supporter deux catégories d'impôts, qui semblent à première vue être spéciaux les uns aux sociétés et à leurs membres, et les autres aux commerçants. Nous allons examiner chacun d'eux et voir s'ils sont applicables à notre coopérative.

## I. — IMPOTS PAYÉS PAR LES SOCIÉTÉS OU PAR LEURS MEMBRES.

**Droit de main-morte.** — Comme toute personne morale, l'association ne périt pas par la mort naturelle et fatale, à laquelle sont soumises les personnes physiques. Si sa durée n'est pas limitée par l'acte qui lui donne naissance et s'il ne se produit pas l'un des quelques faits auxquels est attachée sa dissolution, elle pourra subsister indéfiniment, et la transmission de son patrimoine ne s'opérera pas ; d'autre part, il a été constaté que les personnes morales aliènent leurs biens moins fréquemment que les particuliers, surtout leurs immeubles. Le Trésor ne percevra donc sur leurs biens aucun des droits de mutation qu'il percevrait si ces biens appartenaient à des personnes physiques. C'est pour compenser cette perte du Trésor que la loi du 20 février 1849 établit un « impôt de remplacement » sur les immeubles « de main-morte ».

Cet impôt pèse-t-il sur notre coopérative ?

Évidemment, la raison d'être de cet impôt existe aussi bien pour la coopérative que pour les départements, les communes, les congrégations religieuses ou les sociétés anonymes, auxquels il est incontestablement applicable, puisque la loi les cite expressément. Le doute naît cependant de ce que le texte de cette loi *énumère* les personnes morales, qu'elle frappe, au lieu de poser le principe que toute personne morale sera soumise à l'impôt de remplacement; et, dans cette énumération, ne figurent pas les coopératives de consommation. Cependant ne pourrait-on pas dire qu'elles rentrent dans l'énumération de la loi sous la dénomination des sociétés anonymes? La loi n'at-elle pas entendu viser ici tout groupe d'individus poursuivant ensemble un but commun *avec un fonds commun*, sans se préoccuper aucunement si ce groupe recherchait des bénéfices ou des économies? Telle nous semble avoir été l'intention du législateur. Aussi inclinons-nous à croire qu'on doit soumettre les *associations anonymes* coopératives au droit de main-morte[1]. D'autant plus que la distinction que nous avons faite entre la société et l'association n'est écrite nulle part dans la loi et que lorsque le législateur parle de la société dans un sens aussi général qu'il semble le faire ici, on doit comprendre dans le terme de sociétés toutes les associations à but intéressé.

Cependant la question est quelque peu douteuse, étant donné surtout que nous sommes en matière fiscale, et qu'une interprétation restrictive de la loi s'y impose.

**Timbre des titres.** — Souvent les droits des coopérateurs ne sont pas constatés par des titres mais par de simples inscriptions sur un livre spécial tenu par la coopérative. Une quittance ou la remise d'un livret

---

1. Contrà CLAVEL., *Guide du coopérateur*, p. 79.

d'acheteur fait preuve simplement de l'apport effectué. Il ne peut, dans ce cas, s'agir de timbre sur les titres puisqu'il n'y a pas de titre.

Mais il peut se faire aussi, que la coopérative remette à chaque associé un titre qui suffira à lui seul pour prouver ses droits. Ce titre sera soumis au timbre, en vertu de la loi du 5 juin 1850, qui soumet à cet impôt tous les titres constatant des droits dans une *entreprise quelconque*. Il nous semble impossible de ne pas comprendre la coopérative dans une expression aussi large que cette dernière.

Le timbre qui doit être apposé sera de *0 fr. 60 °/₀ de l'apport* de l'associé, si l'association n'excède pas dix ans, et de 1 fr. 20 dans le cas contraire Un abonnement pourrait remplacer ce droit (art. 22).

Sont seuls assujettis au timbre proportionnel les titres transmissibles sans les formalités de l'article 1690 du Code civil (art. 25). Si les formalités de l'article 1690 sont exigées, le droit auquel serait soumis le titre ce serait le timbre de dimension (loi du 12 brumaire an VII , dont le minimum est de 0 fr. 60 par titre.

Les obligations *négociables* émises par les coopératives supporteraient un droit de timbre de 1 °/₀ du montant du titre (art. 27).

**Droit de transmission des titres. —** Les titres des coopératives *qui sont soumises au timbre proportionnel*, qu'ils constatent des parts coopératives ou des obligations, sont aussi soumis, soit au droit de transmission de 0 fr. 50 °/₀ de la valeur négociée, soit à une taxe annuelle de 0, 25 °/₀ de la valeur du titre, suivant que le titre est transmissible par le transfert sur les livres de la coopérative, ou qu'il est transmissible sans cette formalité (loi du 23 juin 1857, art. 6).

La coopérative dont les titres sont assujettis aux droits de transmission, que nous venons d'indiquer, doivent dans le mois de leur constitution définitive faire une déclaration d'existence au bureau de l'enregistrement (décret du 17 juillet 1857, art. 1).

**Impôt sur le revenu.** — La loi du 29 juin 1872 modifiée par la loi du 26 décembre 1890 établit sur les revenus et *intérêts* provenant d'entreprises quelconques une taxe annuelle de 4 %.

Les coopérateurs paieront cette taxe sur le montant des intérêts qui leur est parfois alloué pour leurs apports. Les obligataires des coopératives la supportent également. Mais il n'est rien dû par les associés en raison des restitutions des trop-perçus auxquels on ne saurait reconnaître le caractère des revenus. L'administration admet d'ailleurs cette différence de traitement entre les intérêts et les trop-perçus.

## II. — Impôts payés par les Commerçants.

**La patente.** — C'est à coup sûr la question des patentes qui a provoqué les polémiques les plus vives au sujet des coopératives. Le dernier projet de loi avait d'abord reconnu que les coopératives de consommation ne devaient pas subir la patente, mais quand il revint en 1896 devant le Sénat, cette assemblée changeant d'opinion vota l'imposition des coopératives. Ce vote était tellement contraire à la pensée des défenseurs du projet, qu'il provoqua séance tenante, la démission du rapporteur, M. le sénateur Lourties[1]. Naguère encore la question est revenue à la Chambre des députés à propos des projets

1. Sénat, séance du 13 Mars 1896.

et propositions de réforme des patentes[1], et ce fut de nouveau l'occasion de violentes attaques contre les coopératives. On peut voir évidemment, par ces tentatives pour imposer la patente à notre association, que dans l'esprit de nos législateurs les coopératives ne sont pas soumises actuellement à cette taxe. C'est d'ailleurs ce dont nous allons pouvoir nous rendre compte par nous-mêmes. Qu'est-ce d'abord que la patente? Il y a là une première difficulté, car la patente n'est pas définie par la loi. L'article 1er de la loi du 15 juillet 1880, qui régit la matière, énumère les personnes qui sont soumises à la patente, mais sans nous indiquer le principe, la base de cet impôt : « Tout individu, français ou étranger, dit cet article, qui exerce en France un commerce, une industrie, une profession... est assujetti à la contribution des patentes. »

Il faut donc s'en tenir à la définition de la loi et rechercher si la coopérative peut y rentrer. Commençons par examiner le troisième des termes de l'énumération, *la profession*, qui est le plus général et contient même les deux autres : exercer une profession, c'est faire habituellement des actes qui sont, pour celui qui les fait, la source de gains : un épicier, un boucher, un maître de forges, un avocat, un médecin exercent une profession. Bien que la loi ne le dise pas, on aperçoit que le principe de cet impôt réside dans le bénéfice présumé de la profession. La coopérative n'exerce certainement pas une profession, car elle ne tire et ne cherche à tirer aucun gain des actes qu'elle fait ; elle rend un *service gratuit*. C'est pour la même raison qu'on dirait d'un artiste *qu'il*

_____

1. Chambre, séance du 11 Mars 1898.

7

*n'est pas artiste de profession* s'il ne chante que dans des salons amis ou dans des concerts de bienfaisance sans jamais se faire payer, alors même qu'il le ferait habi_tuellement et qu'on lui rembourserait ses frais de déplacement.

Le commerce et l'industrie sont des professions, il était donc inutile de les énumérer à côté de celles-ci. C'est de ces sortes de professions que la coopérative paraît le plus se rapprocher : elle fait souvent les mêmes actes que le commerçant ou l'industriel. Mais on ne peut pas dire qu'elle est commerçante ou industrielle, car le même esprit de gain qui est nécessaire pour qu'il y ait profession en général, est aussi nécessaire pour donner la qualité plus spéciale de commerçant ou d'industriel. Nous avons d'ailleurs démontré plus haut que la coopérative ne faisait pas d'actes de commerce.

La jurisprudence a reconnu que les coopératives n'étaient pas patentables[1]. Les décisions qui paraissent contraires à cette opinion se rapportent à des coopératives qui vendaient soit à des tiers proprement dits, soit à des adhérents n'ayant pas le caractère d'associés[2].

Il paraît donc que, dans l'état actuel de la législation, la patente ne pèse pas sur les coopératives.

Le législateur, dans sa toute-puissance, pourrait certainement modifier la loi, mais doit-il le faire ?

On fait remarquer, avec une certaine apparence de vérité[3], que la patente n'est en définitive qu'un impôt qui pèse sur les consommateurs, puisque le commerçant est

---

1. Conseil d'État, 17 novembre 1876 et 8 juin 1877. (SIREY, 1879, 2. 154). — Nantes, 26 juin 1886 (S. 1887, p. 79). — Périgueux, 5 août 1887 (S. 87. 580).
2. Bourges, 19 janvier 1869 et note (S. 1869, 2. 313).
3. V. Sénat, séance du 13 Mars 1896. Compte rendu in extenso, p. 240.

obligé d'en tenir compte dans la fixation des prix, pour réaliser le bénéfice qu'il recherche. Cependant si le consommateur ressent quelquefois le contre-coup de cet impôt cela ne prouve qu'une chose, c'est *qu'il ne frappe pas ceux qu'il doit frapper*, puisque ce sont *les commerçants à raison de leurs bénéfices qui doivent le payer*. Et les commerçants sont mal venus à se prévaloir *de ce qu'ils font payer l'impôt qu'ils doivent par les consommateurs*, pour y faire soumettre tous les consommateurs. En réclamant l'imposition des coopératives, les commerçants veulent précisément *qu'on reconnaisse que ce sont les consommateurs* qui doivent payer la patente. Mais leur prétention est absolument dénuée de fondement. D'autant plus que l'impôt de la patente est souvent supporté véritablement par celui-là même qu'il frappe : ainsi l'avocat et le médecin font-ils payer leur patente par leurs clients, augmentent-ils ou diminuent-ils leurs honoraires quand on augmente ou qu'on diminue leur patente ?

L'extension de la patente aux coopératives ne serait pas justifiée. De plus, il y aurait un argument juridique très grave contre cette extension.

Pour modifier la loi actuelle sur les patentes de façon à imposer les coopératives, il faudrait changer le principe de la loi, qui réside actuellement dans une présomption de bénéfices. On ne peut pas présumer que la coopérative fait des bénéfices, puisqu'elle *ne peut pas* en faire. Suffira-t-il donc d'étendre la base de la loi aux économies présumées. La présomption d'économies réalisées serait également impossible à l'égard de la coopérative, car elle ne fait pas plus d'économies qu'elle ne fait de bénéfices. *Ce sont ses associés qui font des économies* et non pas elle; tandis que, dans une société commerciale, c'est bien la société commerciale *elle-même*, qui fait des bénéfices. On ne peut pas dire, qu'en ne payant pas patente, la coopérative est dans une situation privilégiée relativement aux commerçants, puisqu'elle ne ressent pas par elle-même les effets de la différence de traitement. Sans doute on va nous dire : « Mais si la coopérative ne trouve pas elle-même d'avantages à ne pas être patentée, du moins ses membres y trouvent-ils une cause d'économie! » Nous voulions justement en arriver là : *c'est donc aux consommateurs eux-mêmes qu'on veut faire payer patente.* Nous avons vu tout à l'heure qu'il était injuste que la patente, c'est-à-dire une taxe sur les bénéfices résultant de l'exercice d'une profession, fût payée indirectement par le consommateur qui se fournit chez le commerçant, nous croyons qu'il serait tout aussi injuste que cet impôt fût payé directement par le consommateur qui ne s'adresse pas au commerçant. Sous prétexte d'égaliser les situations on créerait une inégalité. *Car il n'est pas sûr*, et pour des raisons multiples, notamment en cas de vente à perte, *que le consommateur client du commerçant supporte toujours le poids de la patente en tout ou en partie, tandis qu'il serait absolument sûr que le consommateur de la coopérative la paierait toujours et en entier.* On l'a dit très justement, vouloir soumettre la coopérative à la patente, *c'est vouloir créer un privilège au profit des commerçants.*

Il se présente une autre objection peut-être plus apparente que réelle, puisque jusqu'à un certain point les associés se confondent avec l'association, mais qui cependant a une certaine valeur doctrinale, croyons-nous. On peut dire qu'étendre la patente aux coopératives ce serait changer la nature de cet impôt : il faudrait, d'un impôt sur les bénéfices qu'un individu peut réaliser dans une profession quelconque, faire un impôt sur la consommation, et *d'un impôt direct faire un impôt indirect,* — et l'impôt qui frapperait le coopérateur serait bien indirect puisqu'il ne le paierait que par contre-coup[1], et ce serait *à la coopérative* qu'il serait réclamé — ou plutôt ce qui paraît plus bizarre encore, l'ancien principe subsistant à côté du nouveau, on *aurait dans un même impôt* et sous une seule désignation, un impôt, direct à l'égard des uns et indirect à l'égard des autres.

Il reste un côté que le législateur ne doit pas négliger : le côté fiscal.

Si le commerce, petit et grand, disparaissait devant les coopératives ou même diminuait d'une façon sensible — ce qui n'est pas encore prêt d'arriver — et que la patente actuellement payée par les commerçants, laissât un trou dans le budget, il faudrait bien combler ce trou avec un autre impôt. L'impôt nouveau qui pourrait être créé pourrait être un impôt indirect et général sur la circulation de la richesse, que paieraient également le particulier, le commerçant et la coopérative. On a proposé déjà comme moyen de percevoir un impôt de ce genre, le timbre proportionnel exigé pour toutes les transactions, mais il y a évidemment d'autres moyens et de meilleurs, tels qu'ils n'entraveraient en aucune façon les transactions. Enfin si on voulait imposer spécialement les coopérateurs on pourrait créer un *impôt direct sur leur consommation* : on frapperait chaque associé *proportionnellement à sa consommation annuelle,* ce qui serait en réalité très facile, car on la connaît exactement, étant donné l'organisation

---

1. BEAUREGARD, *Éléments d'économie politique,* p. 317.

des coopératives, dont chaque membre a un compte particulier. Ce système pourrait permettre de dégrever les consommateurs qui pourraient justifier de la modicité de leurs ressources, ou de charges de famille lourdes pour eux.

Il y a donc des impôts qui pourront plus tard remplacer la patente, si celle-ci devient improductive ; et ils la remplaceraient avantageusement, car l'application de la patente est peu satisfaisante[1].

**Licence et droit de détail.** — En dehors des impôts sur les boissons que paie toute personne, tels que les droits de circulation et d'entrée auxquels sont soumises bien entendu les coopératives, il y a des droits que paient les commerçants en liquides et que ne paient pas les particuliers : comment doivent être traitées les coopératives à leur égard ?

Tous *fabricants* ou *débitants* de boissons ne peuvent commencer leur fabrication ou leur débit qu'après s'être munis d'une *licence* préalable, pour laquelle il doit être payé un droit fixé par les tarifs (art. 171 de la loi du 28 avril 1816).

Sont soumis *au droit de détail* ainsi qu'à la déclaration préalable les cabaretiers et débitants et « *Tous autres* » qui voudront se livrer à la vente en détail des vins, cidres, poirés, eaux-de-vie, esprits ou liqueurs composés d'eaux-de-vie ou d'esprit (art. 47 et 50 de la loi du 28 avril 1816[2]). Telles sont les personnes frappées par les droits de licence et de détail.

1. BEAURRGARD, *op. cit.*, p. 318.
2. A Paris les droits de circulation d'entrée et de détail sont remplacés par une taxe unique (art. 92).

Comme nous l'avons fait jusqu'ici, nous devons suivre encore l'interprétation littérale et nous devons reconnaître, comme l'a fait la Cour de cassation[1], que les coopératives sont soumises aux droits de licence et de détail quand elles « fabriquent » ou « débitent » de ces boissons. De même la coopérative serait soumise à la licence de gros pour les opérations de gros auxquelles elle se livrerait. Il est probable que la loi a voulu frapper par ces impôts les *bénéfices* des commerçants en liquide d'une façon particulière, mais la loi n'indiquant pas son intention, nous devons nous tenir à sa lettre.

Le projet de loi était plus favorable aux coopératives que cette loi de 1816 qu'on est obligé d'interpréter comme nous l'avons fait dans l'article 32. Ce projet déclarait que la coopérative n'était tenue de se pourvoir d'aucune licence de gros ou de détail.

Comme conséquence des droits de licence et de détails les coopératives sont soumises aux visites et exercices des employés de la régie.

En dehors de ces visites il y en a quelques autres qui ne se rattachent pas, il est vrai, au régime fiscal, mais que nous pouvons cependant indiquer ici ; ce sont les visites des commissaires de police, des inspecteurs de la salubrité, des contrôleurs des poids et mesures[2], etc... Les dispositions qui les permettent à ces divers préposés des administrations publiques ne sont pas spéciales au commerce ; elles intéressent la police générale et l'on conçoit qu'elles soient applicables aux coopératives.

---

1. Cassation, 20 juin 1873, D. P. 73 I, 392.
2. Le Conseil d'État admet que la coopérative peut être assujettie à la taxe des poids et mesures. Arrêt du 9 novembre 1888 : *Le Droit*, n° du 16 novembre 1888.

Le régime fiscal de la coopérative présente, on le voit, peu d'unité. Cela tient à ce qu'en l'absence d'une législation spéciale sur la matière on doit se référer à différentes lois qui procèdent par énumération et sans poser de principes. Cet état de choses est évidemment fâcheux. Car un impôt tel que la licence ou le droit de détail sont des impôts que ne devrait pas rationnellement payer la coopérative.

Mais en somme il ne faut pas s'exagérer l'importance de la question fiscale, car il y a des pays, tels que l'Angleterre, où sur ce terrain la situation des coopératives n'est pas aussi avantageuse qu'elle l'est en France, et où cependant il y a des coopératives très prospères. Il n'empêche qu'il serait préférable cependant au point de vue économique et au point de vue juridique qu'il existât pour nos coopératives une législation fiscale appropriée à leur nature.

# CONCLUSION

On peut maintenant, en jetant un regard en arrière,
embrasser facilement l'ensemble de notre théorie : de la
nature de la coopérative « d'une simple association recherchant des économies » nous avons, à chaque pas, tiré
une conséquence. La plus grosse entre toutes est sans
contredit que les coopératives, n'étant pas des sociétés,
ne se heurtent point aux règles restrictives que le législateur impose aux sociétés, à raison des dangers d'ordre
public spéciaux qui naissent de leur but de spéculation.
Seuls, dans la législation, quelques articles de la loi de
1867 nous ont paru viser les coopératives : c'est de l'un
d'eux que nous avons tiré la personnalité de la coopérative, si féconde en conséquences heureuses. D'autre part,
ne perdant pas de vue toutefois les ressemblances entre
la coopérative et la société, nous nous sommes souvent
inspiré pour la première des règles de la seconde, et
nous avons ainsi emprunté pour la coopérative presque
tout le système d'administration de la société anonyme.

Malgré le silence de la loi sur l'association coopérative,
nous avons donc pu déterminer *l'ensemble des règles
qu'elle doit suivre*.

Elle peut d'ailleurs se trouver fort bien de l'absence de

dispositions légales à son égard, pourvu qu'elle sache, dans ses statuts, ne pas perdre de vue les principes coopératifs[1].

Il y a même pour elle un avantage particulier dans ce silence de la loi : c'est que nous sommes en face d'une institution nouvelle et qu'elle peut fort bien donner lieu à des combinaisons encore inconnues : il faut laisser l'initiative individuelle faire son œuvre, et pour cela le régime de la liberté la plus complète est préférable à une loi qui la gênerait sans doute plus qu'elle ne la servirait.

D'ailleurs une loi nouvelle n'ajouterait rien aux avantages actuels, que nous avons reconnus à la coopérative, et il est même probable qu'elle les restreindrait. C'est en effet ce qu'on pourrait attendre de la lutte que le commerce a entreprise contre les coopératives et qui a son écho dans nos Chambres. On peut se faire une idée de ce que serait cette loi d'après le projet abandonné en 1896. Celui-ci notamment fixait sans aucune raison un minimum aux apports des associés et il faillit aboutir à imposer la patente aux coopératives : au cours de sa discussion ne proposait-on pas même de limiter les avantages reconnus à la coopérative, à des *catégories* d'associations, par exemple aux seules coopératives formées

1. La coopérative de Saint-Remy-sur-Avre, dont le distingué directeur, M. Legrand, fut en même temps le principal fondateur, est la coopérative qui à notre connaissance, se rapproche le plus du type idéal que nous avons étudié. Cette association est l'une des plus prosperes de France : elle restitue chaque année 13 % aux associés du montant de leurs achats et cependant elle vend à des prix déjà inférieurs à ceux du commerce. C'est là un exemple frappant, qui montre combien, jointe à une gestion intelligente, l'adoption par une coopérative de règles appropriées à sa nature, peut produire de résultats pratiques excellents.

entre ouvriers? Sans doute celles-ci sont plus intéressantes que d'autres, mais outre que c'eût été faire une distinction de classes difficile à appliquer et dangereuse au
point de vue social, il n'y a pas de motifs pour *limiter
ainsi les avantages qui résultent naturellement d'un contrat*,
que tout le monde est en droit de passer.

Dans l'état actuel des esprits, de pareilles conséquences
seraient à craindre d'une loi spéciale sur les coopératives ;
et les coopérateurs agiront sagement en n'insistant pas
pour la reprise du projet : ils pourraient s'en trouver
fort mal.

Plus tard, quand un apaisement se sera produit et qu'il
se sera édifié un travail de doctrine suffisant, pour affirmer
les caractères bien spéciaux de la coopérative, alors
une loi pourra être faite utilement. Cette loi devra être
assez large pour s'appliquer à toutes les coopératives de
consommation et ne pas être commune aux sociétés
coopératives de production et de crédit; de ses dispositions quelques-unes seraient essentielles et le plus grand
nombre suppléeraient simplement au silence des parties
et pourraient les guider utilement dans la formation de
leur contrat.

Vu :  Vu :

*Le Doyen,*  *Le Président de la thèse,*
GARSONNET.  PAUL BEAUREGARD.

Vu et permis d'imprimer :
*Le Vice-Recteur de l'Académie de Paris,*
GRÉARD.

# TABLE DES MATIÈRES

RENNES, IMPRIMERIE FR. SIMON, SUCC<sup>r</sup> DE A. LE ROY

IMPRIMEUR BREVETÉ.